研究生社会主义核心价值观教育协同机制构建

主　编　徐园媛　戴　倩　蒋　臻
副主编　李　薇　雷晓燕　潘雪娇　沈小路
　　　　罗　徐　石　玲　刘　冰
参　编　董　翼　李书辉　张王燕　幸柠楠
　　　　林　源　张博萍　梁高峰

重庆大学出版社

内容提要

本书从协同机制构建出发,通过分析研究生社会主义核心价值观教育的意蕴,深入挖掘研究生社会主义核心价值观教育的理论基础,同时从研究生社会主义核心价值观协同机制的理论视域、构建依据、构建原则、构建方案和运行方式5个方面出发,对研究生社会主义核心价值观教育进行实然考察。在此基础上,发挥研究生导师导思想、导学习、导心理、导生活、导未来的作用,促使社会主义核心价值观教育在研究生教育中落地生根。

图书在版编目(CIP)数据

研究生社会主义核心价值观教育协同机制构建 / 徐园媛,戴倩,蒋臻主编. --重庆:重庆大学出版社,2021.10

ISBN 978-7-5689-3037-6

Ⅰ. ①研… Ⅱ. ①徐… ②戴… ③蒋… Ⅲ. ①研究生—思想政治教育—研究—中国 Ⅳ. ①G643.1

中国版本图书馆 CIP 数据核字(2021)第 237302 号

研究生社会主义核心价值观教育协同机制构建

主 编 徐园媛 戴 倩 蒋 臻

副主编 李 薇 雷晓燕 潘雪娇 沈小路

罗 徐 石 玲 刘 冰

策划编辑:沈 静

责任编辑:杨育彪 版式设计:沈 静

责任校对:关德强 责任印制:张 策

*

重庆大学出版社出版发行

出版人:饶帮华

社址:重庆市沙坪坝区大学城西路 21 号

邮编:401331

电话:(023) 88617190 88617185(中小学)

传真:(023) 88617186 88617166

网址:http://www.cqup.com.cn

邮箱:fxk@cqup.com.cn(营销中心)

全国新华书店经销

POD:重庆新生代彩印技术有限公司

*

开本:787mm×1092mm 1/16 印张:9.25 字数:210 千

2021 年 10 月第 1 版 2021 年 10 月第 1 次印刷

印数:1—1 000

ISBN 978-7-5689-3037-6 定价:59.00 元

前　言

人类在认识世界和改造世界的过程中所形成的价值观在人的自身行为和自身认识过程中起着决定性作用，直接影响着社会个体在理想信念、价值判断、行为准则等方面的选择。价值观反映了人们的总体认知水平和需求状况，对个体的行为动机起着导向和支配作用。纵观人类历史，每一个国家都凝聚着符合自身需求的核心价值观，每一个民族都在构建能促进自身发展的核心价值体系，并使之不断完善。习近平总书记指出："人类社会发展的历史表明，对一个民族、一个国家来说，最持久、最深沉的力量是全社会共同认可的核心价值观。"

社会主义核心价值观凝聚着中华民族最崇高的理想和最深远的追求，是全国各族人民共同奋斗的理想基础。党的十九大报告明确指出："人民有信仰，国家有力量，民族有希望。要把培育和践行社会主义核心价值观作为凝魂聚气、强基固本的基础工程，广泛开展社会主义核心价值观宣传教育，不断夯实中国特色社会主义的思想道德基础。"

研究生是未来社会的建设者和接班人，他们是否具有"富强、民主、文明、和谐"的价值目标，是否具有"自由、平等、公正、法治"的价值取向，是否具有"爱国、敬业、诚信、友善"的价值准则，直接关系到未来社会主义事业能否顺利地向前推进和发展。研究生正处于人生发展的关键时期，处于世界观、人生观、价值观的"拔节孕穗"期，因此，必须加强研究生社会主义核心价值观教育，培育研究生良好的、正确的价值观念。坚持开展以爱国主义为核心的民族精神教育，以改革创新为核心的时代精神教育，以"中国梦"为核心的理想信念教育，把握正确的思想导向，发挥舆论的规范作用，树立良好的社会风气，营造和谐氛围。充分利用各种资源，发挥导师的作用，为当代研究生的主流价值观培育提供坚实的教育基础和有效的辅促力量，引导当代研究生树立崇高的理想和远大的志向，将个人的价值追求和社会主义的共同理想紧密地结合起来，为以后能更好地投身社会主义建设事业打下良好的基础。

本书一共分为六章，围绕研究生社会主义核心价值观教育进行系统阐述。

第 1 章对研究生社会主义核心价值观教育进行了意蕴分析。主要解析了新时代研究生群体在心理、思想、行为方面的特点。从主导性与主动性、情感性与情境性、实践性与实效性、人本性与人文性方面出发，对研究生社会主义核心价值观教育的特征进行了描述。在此基础上，阐述了新时代研究生社会主义核心价值观教育的意义，既符合伟大复兴"中国梦"的实践诉求、弘扬民族精神凝聚民族力量、巩固国家主流意识形态建设、推进中国特色社会主义事业建设，又与科教兴国人才强国战略、高校的理念宗旨、研究生群体树立价值观、实现研究生群体人生理想相契合。

第 2 章阐述了研究生社会主义核心价值观教育的理论基础。在本书看来,马克思主义基本原理是研究生社会主义核心价值观教育的逻辑起点;协同理论为研究生社会主义核心价值观教育提供理论借鉴;中华优秀传统文化是研究生社会主义核心价值观教育的思想基础。

第 3 章对研究生社会主义核心价值观教育进行了实然考察。着重分析了研究生社会主义核心价值观教育的国际环境和国内环境;阐释了研究生社会主义核心价值观教育发展的历史进程及取得的基本经验。在此基础上,对新时代研究生社会主义核心价值观教育进行了问题调查,得出研究生社会主义核心价值观教育受多方因素影响,存在多种问题亟待解决。

第 4 章阐释了研究生社会主义核心价值观教育协同机制的构建。对研究生社会主义核心价值观教育协同机制的构建依据、理论视域、构建原则、构建方案和运行方式进行了系统阐述,在本书中起到了提纲挈领的作用。

第 5 章阐明了研究生社会主义核心价值观教育的保障。以研究生导师视角为出发点,从多维度、多角度、多方位层面着手,发挥研究生导师导思想、导学习、导心理、导生活、导未来的作用,促使社会主义核心价值观教育在研究生教育中落地生根。

第 6 章分析了研究生社会主义核心价值观教育协同机制的实践,通过对研究生社会主义核心价值观教育接受活动进行解析,对研究生社会主义核心价值观教育实验研究的因素进行分析,最终得出研究生社会主义核心价值观教育的实验结论。

本书由徐园媛(重庆交通大学)、戴倩(重庆交通职业学院)、蒋臻(重庆交通大学)担任主编,负责设计全书的框架结构、指导具体写作、进行审稿、统稿、定稿;由李薇(重庆交通大学)、雷晓燕(重庆建筑工程职业学院)、潘雪娇(重庆交通大学)、沈小路(重庆交通大学)、罗徐(重庆交通大学)、石玲(重庆交通大学)、刘冰(重庆公共运输职业学院)担任副主编;董翼(重庆交通大学)、李书辉(重庆市鲁能巴蜀中学)、张王燕(重庆交通大学)、幸柠楠(重庆交通大学)、林源(重庆交通大学)、张博萍(重庆建筑工程职业学院)、梁高峰(重庆交通大学)担任参编。各章的编写分工如下:第 1 章由张王燕、戴倩、李薇、董翼编写;第 2 章由幸柠楠、李书辉、蒋臻、潘雪娇编写;第 3 章由张王燕、沈小路、罗徐编写;第 4 章由幸柠楠、石玲、刘冰、雷晓燕编写;第 5 章由林源、蒋臻、沈小路、罗徐编写;第 6 章由张王燕、雷晓燕、张博萍、梁高峰编写。全书的文字整理、编排工作和参考文献由张王燕、幸柠楠、林源完成。

本书在编写过程中采纳和吸收了业内专家、学者的理论研究成果及一些探索经验,在参考文献中力求注明引用源,但难免挂一漏万,在此对他们表示诚挚的谢意,对他们为研究生社会主义核心价值观教育所倾注的热情和力量表示深深的敬意。

由于本书属于探索性研究,加之编者的思想与学术水平有限,书中难免有疏漏与不足之处,恳请广大专家、同行和读者提出宝贵意见和建议。

编　者

2021 年 5 月

目 录

第1章　研究生社会主义核心价值观教育的意蕴分析

党的十九大报告明确指出，培育和践行社会主义核心价值观，要以培养担当民族复兴大任的时代新人为着眼点。研究生群体是时代新人的重要群体，是建设祖国的中坚力量，承担着实现中华民族伟大复兴“中国梦”的重要责任。研究生的价值取向代表了未来社会的价值取向。因此，必须加强研究生社会主义核心价值观教育，确保研究生群体扣好“人生第一颗扣子”。

1.1　新时代研究生群体的特点解析

研究生作为国家建设发展的高层次人才，在推动社会文明和科技进步方面发挥着重要作用。随着我国高等教育事业不断改革、发展、壮大，我国的研究生群体数量日益增多、规模日益壮大。为此，需要进一步挖掘研究生群体在思想、心理、行为等方面的共性，科学地认识当下研究生群体的主要特点，了解研究生群体的内心需求，为进一步深化研究生社会主义核心价值观教育夯实基础。

1.1.1　思想特点

思想是指客观存在反映在人的意识中经过思维活动而产生的结果或形成的观点及观念体系。思想是行动的先导，是指引人前进的明灯。思想对人的行为实践具有重要的指示作用。为此，需要从实际出发，深入了解、透析研究生群体的思想特点，进一步认清研究生这一群体特征，从而更好地指导研究生群体的行为活动。

1)思想逐渐定型

思想潜藏在人类思维中，在长久的形成过程中，思维逐渐定型，并形成具有个性的观念体系。思想是行动的指南，思想对个体及群体的实践活动具有指导作用。研究生群体受年龄、学习、生活等方面的影响,较本科生而言思想逐渐定型。在对待世界万物万象发展上,能从相对客观、理性的方面进行思索、探讨。一方面,研究生拥有相对稳定的世界观、人生观、价值观,具有相对稳定的评判依据、评价标准、思想态度、行为方式,能够善于用自身特有的社会认知习惯发现问题、分析问题、解决问题,能够在社会事件中吸取相对丰富的实践经验,如一部分研究生群体在参与社会实践活动时会运用自己的生平经历、逐渐定型的思维逻辑来分析问题、解决问题;另一方面,部分研究生仍处于年纪尚轻、社会阅历较浅、视觉敏锐度不高的境地,很多时候呈现出对自身理想信念的坚定程度不够牢固、对自身的道德素质仍需进一步审视的现象。例如,即将毕业的研究生面临着踏入社会的考验,在未真正踏入社会之前,这类群体往往会因为社会阅历太少、社会经历不足、缺乏足够的实践经验等,在毕业做决策时呈现出自身定位不准、思想摇摆不定、思维陷入恐慌等不同现象。

2)较强的自我认知

自我认知是指对自己的洞察和理解,包括自我观察和自我评价。自我观察是指对自己的感知、思维和意向等方面的觉察;自我评价是指对自己的想法、期望、行为及人格特征的判断与评估。自我认知是普遍存在的,是单个个体所具备的。就研究生群体而言,研究生自我认知比较深刻,不仅注重自我外在形象,更注重个性品质、人际沟通、组织能力、交往能力、科研能力等内在因素。研究生的自我认知相对本科生而言更加积极主动,经常对自己的学习、科研、人际关系进行自我反思和自我评价。研究生对自我分析与评价相较于本科生更为客观、理智,大部分研究生认为"自己是个善于自我分析的人"。但同时应该注意单个个体之间存在差异性,研究生自我评价存在不稳定因素,具有片面性、模糊性和非现实性等特点,在自我评价中往往只看到自己其中的一面而忽视另一面,不能用辩证的观点来分析自己。例如,部分研究生在评判自己的学术水平过程中,往往会突出强调自己完成的部分,忽视学术中其他学者研究的学术成果。

3)较强的创造力

创造力,是人类特有的一种综合性本领。创造力是指产生新思想、发现新事物、创造新事物的能力。创造力是由知识、智力、能力及优良的个性品质等复杂多因素综合优化构成的。创造力是一系列连续的、复杂的、高水平的活动,创造新概念、新理论、新作品等都是创造力的表现。创造力范围辐射十分广泛,就研究生群体的创造力而言,研究生群体的创造力主要表现在以下几方面。第一是具有发散思维和独特的创新意识。研究生通过长期学习,掌握了较多的抽象概念、原理,善于运用系统的、辩证的论证性思维,具有良好的发散思维能力和独特的创新意识。他们做事认真且效率高,能够持之以恒、有奉献精神、敢于尝试、观点独特。第二是具有强烈的好奇心和求知欲。研究生喜欢独立思考问题,对事物具有强烈的好奇心和求知欲,对问题寻根问底,善于冲破传统文化的束缚,乐于接受新生事物。由于大部分研究生在研究生阶段学习中从事科研活动,研究生科研特质使其思想活跃、思维敏捷,对于新鲜事物敏感度较强,对于各类信息接触范围较广,能够在复杂多样的信息中找寻自身感兴趣的知识点,会对新鲜事物产生浓厚的兴趣。第三是具有丰富和活跃的想象力。研究生的想象力异常活跃,具有广阔的视野、多方面的科学文化知识,容易使思维插上想象的翅膀,辩证地看待事物。例如,研究生在面对某一新观点时,思维往往会活跃起来,并从多个视角出发阐述对同一问题的不同看法。由此,研究生思维在长久的运转下会呈现出果断勇敢、想象力丰富、思维敏捷、灵动等特点。

4)多样的人生观

人生观是指人们对人生的根本态度和看法,包括对人生价值、人生目标和人生意义的基本看法和态度。人生观主要回答了人为什么活着,人生追求的意义、价值、目的、理想、信念等问题。群体不同,人生观亦有区别。由于研究生社交面广,读书多,信息量大,知识面宽,与科学前沿和社会文化接触较多,思想观念开放,容易形成多样化的人生观。因此在人生目的上,不同的研究生展现出不同的人生目的,如追求为人类谋福利、奉献自身价值,追求功名利禄、创造财富,重在享受、为了自己而活等。在研究生求学阶段亦展现出不同的学习动机,大体上呈二元化趋势,即一方面是为了实现自我梦想,寻求好生活。例如,一些研究生进入研究生阶段学习,是为了获取研究生学历证书,希望以研究生"身份"为跳板,谋求理想职业来改变生活状态,进而获取新的人生轨迹和社会认可度。另一方面是为了实现自我价值,为国家和社会的发展做贡献。这部分研究生进入研究生阶段后努力学习,奋发向上,积极探索真理,追求真理,寄希望于将探索出的"真理"运用在客观实际中,在实际生活中发挥作用,继而为国家发展、民族振兴、人民幸福添砖加瓦,做出应有贡献。除此之外,由于研究生群体持不同的人生观,因此研究生群体在人生追求上也表现出不同,总体上看,大部分研究生群体都非常崇尚自力更生、艰苦奋斗的精神,但很多事情都存在两面性,即少数研究生则把个人享受和感官快乐作为人生追求,弱化了研究生群体对艰苦奋斗的认同感。例如,一些研究生群体精神匮乏、虚荣心重、盲目攀比、吃喝玩乐、唯利是图,根本不考虑自身的"消费底线",反而热衷于"超前消费",提倡"今朝有酒今朝醉""人生得意须尽欢""花开堪折直须折",同时他们在学习上"不学无术",在生活中"贪图享乐",更可悲的是,有些研究生在长久的精神匮乏中"流连忘返",陷入深渊无法自拔,最终走上了与社会发展相悖的道路。

5)多元化的价值观

价值观是基于人的一定思维感官而作出的认知、理解、判断和抉择,也就是人认识事物、辨别是非的一种思维或取向。个体的价值观不同,对事物的看法也会呈现出多元化。就研究生这一群体而言,研究生价值观的形成受年龄的影响,不同年龄的研究生,他们的知识水平和生活经历不同,对待事物常持有不同的看法。总体上讲,研究生群体相对于本科生而言思想较为成熟,整体素质相对较高,对事物的看法与理解更加客观、理性,且大部分研究生能根据自己的生活阅历和知识水平从客观层面认识事物,能做到具体问题具体分析。值得注意的是，目前高校研究生价值观多元化已是不争的事实。一部分研究生往往从主观方面看问题，偏离客观事物，不能客观公正地看待事物。由于高校研究生群体对各种社会思潮和科学前沿接触了解较多，加之高校研究生群体思想观念存在开放性和自主性的特点，因此，他们在面对拜金主义、享乐主义和极端个人主义等不良思潮时，往往会给他们之前形成的固有价值观念带来强烈的冲击。总的来说，由于研究生群体在成长背景、文化水平、生活阅历、个性等诸多方面存在差异，他们对于事物发展常常持有不同的评价标准和评判尺度，因而，在价值选择上往往呈现出多元化和差异性。例如，研究生的学习价值观的不同，有的研究生想全面发展自己，钻研自己感兴趣的方向，练就过硬本领；有的研究生已是单位的领导和业务骨干力量，需要研究生这重身份为其“锦上添花”，因此不得不学习、工作两手抓；还有的研究生想要摒弃原来的学习环境、工作环境，想通过“读研”这块跳板跨越到自己理想的工作岗位上。由于研究生群体自身存在的特殊性，思维更加复杂，看待问题善于从多维度、多角度加以分析，当面临选择时，往往采取多重选择的态度，使用多重标准来衡量，造成价值观念上的多元化。例如，受市场经济的影响，研究生在利益分配上，更加注重经济条件的改善和经济地位的提升。在职业环境上，他们更愿意到基础设施完备、环境优越、宽敞明亮的大城市去谋求职位。在职业选择上，他们更倾向于待遇丰厚、工作方向与自身预期相符的职位。

6）相对松弛性的纪律意识

高校对研究生的管理相对比较自由，导致研究生群体纪律意识相对松散，集体组织观念淡化，强调个人利益而不顾他人感受。研究生的住宿管理一般是公寓式，高校对研究生作息时间管理较少、相对自由，在缺少纪律约束和他人监督的情况下，自律意识逐渐变得淡薄。另外，研究生的课程安排相对较少，到二年级后基本很少安排课程，一些研究生有更多机会接触社会，也因此沾上了一些不良风气。除此，研究生一般和导师联系较多，很少与辅导员主动联系，因此，缺少辅导员的管理和监督也会使研究生出现纪律意识淡薄的现象。在学术活动中，研究生主要以研究团队为核心，开展相对独立的科研活动、学习活动，这就使得研究生阶段的教育教学活动、科研活动、学术活动出现自由分散，呈现相对松散和分散的特点。长期如此，研究生纪律约束感、自律性慢慢淡化，逐渐形成相对松弛的纪律意识。例如，在研究生班级开展出游学习活动时，部分研究生会打着“小算盘”，以多种理由“逃脱”集体活动，外出玩耍。长此以往，研究生群体就会衍生出研究生组织性、纪律性相对松散，班级观念相对淡薄的现象。

1.1.2 心理特点

心理是指人内在符号活动的梳理过程和结果，即人对客观物质世界的主观反映。心理的表现形式叫作心理现象，心理现象包含心理过程和人格。良好的心理过程和人格有益于人的健康成长与发展。习近平总书记指出：“要加强心理服务体系建设，培育自尊自信、理性平和、积极向上的社会心态。”良好的社会心态是一个社会能够持续向前推进的基调，需要社会每个个体为之营造氛围。研究生群体作为社会存在中的一分子,需要从心理层面出发,及时、准确、客观地研究和分析研究生群体的心理特点,进而为社会运行定下良好的基调。

1)心理素质相对成熟

心理素质是指在遗传基础之上、在教育与环境影响下,经过后天环境、教育、实践活动等因素的影响逐步发生、发展起来的,心理素质是先天和后天的结合。心理素质对人具有非常重要的作用。具备良好心理品质的人能够积极融入社会生活,有效地解决面临的问题,体现出积极向上的生活态度和行为习惯。但由于每个阶段的不同,每个人会呈现出不同的心理素质。由于本科生和研究生处在不同的两个阶段,因此心理素质也呈现出不同特点。本科阶段属于价值观形成初期,而已经走过大学四年学习阶段的研究生在年龄、经历和学识上都有所增长,也积累了一些经验。因此,在思考问题和处理问题方面较之前会体现出相对稳定成熟的一面。除此之外,研究生与本科生相比,虽然已走出大学校园,但依然与本科生具有一定的共性,仍然保持了思想的活跃,依然对新鲜事物充满好奇,喜欢对人生与社会热点问题进行热烈讨论,整体的心理素质会表现出一定的稳定性和成熟性。

2)自我体验具有波动性

自我体验是伴随自我认识而产生的内心体验,它反映了主我的需要与客我的现实之间的关系,即客我满足主我的要求,就会产生积极肯定的自我体验,产生自我满足感;反之,客我没有满足主我的要求,则会产生消极否定的自我体验,产生自我责备。单个个体面对不同的环境、不同的事件时会产生不同的自我体验。从整体上而言,研究生群体的自我体验丰富且深刻,基调倾向于热情、自信、憧憬、乐观、紧张、自卑和急躁等,具有很大的波动性。随着自我体验的不断完善与发展,自尊心与独立感的进一步增强,研究生对学习、友情、爱情以及人生的理解也更为深刻。当取得成功时,他们就会产生积极、肯定的自我体验;当遇到挫折和打击时,他们就会产生消极的情感,甚至悲观失望、自暴自弃、郁郁寡欢,长期的消极自我体验会导致心理问题。例如,当某个研究生做出与社会要求相悖的事时,他们会因为自己的行为违反社会道德准则、侵犯他人利益而受到良心的谴责,进而产生"对不起"父母、师长、同学的消极自我体验。

3)压力源增多

随着高校逐年扩招,高校研究生人员愈加增多,就业形势越来越严峻,研究生面临的压力源愈发增多,如面临着学业、就业、爱情、经济等多方面的压力。在学业方面,很多高校甚至要求研究生在校学习期间需要在期刊上公开发表数篇小论文才可以毕业。我国研究生一般是三年学制,第一学年以上课取得学分为主,后面的时间还要为实习、找工作而奔波。在就业方面,随着中国高等教育的快速发展,研究生的招生数量也在不断创历史新高,加上不断增加的本科生、高职专科生的毕业数量,使得毕业生就业市场的供需矛盾不断突出,研究生的就业难问题也开始日益凸显，并且相较于本科生就业而言，研究生群体显然对就业的期望值更高，这也无形中增加了就业难度。在爱情方面，已婚研究生具有强烈的家庭责任感，他们肩负着丈夫或妻子的责任，教育子女的责任、赡养父母的责任、承受着巨大的经济压力和学习压力；而未婚的研究生，对爱情充满了美好的憧憬，在面临着学业、就业等压力的同时，还要面临着当前社会爱情、扭曲婚姻观的影响。长此以往，难免会使他们的爱情观、婚姻观误入歧途，造成不必要的后果，甚至还存在个别极端性社会事件冲击其精神世界，难免给研究生的精神世界造成严重危害。除了面临学业、就业、爱情等方面的压力，还会面临经济方面的压力，在校研究生从生源看，有不少是农村或者是中西部城市毕业的学生。他们有时候需要自己承担一些学费或生活费用。有的学生（如师范类专业的，外语专业的）会选择家教兼职，而其他专业的学生则会从事社会兼职，缓解生活压力。此外，很多大学位于一线、二线城市，这些大城市生活水平较高，研究生除了日常消费，还要交友休闲、追求时尚，有时候还会参加同学聚会、集体活动等，而这些都会增加他们的经济压力。由此看来，研究生群体面临的学业、就业、爱情、经济等方面的压力在无形中成为研究生心理压力的来源。

4）自我意识相对强烈

自我意识是主体对其自身的意识，是主体觉知到自身存在的心理历程。自我意识是衡量个性成熟水平的标志，是整合、统一个性各个部分的核心力量，也是推动个性发展的内部动因。就研究生的年龄而言现阶段的，研究生多为“90”后，年龄一般都在23岁左右，已经具有相对较为稳定的人生观和价值观，同时，研究生也拥有更为强烈的独立感、自尊心以及自我意识。一方面，研究生群体在日常学习和学术研究上多倾向于个体行动，由此在心理活动上会呈现出与行为发展相适应的自我意识独立的心理特征；另一方面，从主观而言，研究生群体有较强的成才意识，对自身会给予更高的要求、标准，更加注重自我成长与实现自我价值，尤其是研究生群体在获取自身学历提升的情况下，会畅想在未来找寻与自身素质相契合的发展前景。因此，从整体性上讲，研究生群体呈现出自我意识较为强烈的心理特点。

5）优越感较强

研究生的优越感着重表现为一种自负状态。在研究生与本科生的对比中，研究生比本科生年龄稍长，独立感、自尊心、自信心相对更强烈，学习、生活上的视野相对也更开阔，对自己的人生定位要求相对较高。研究生相较于本科生而言，处于高等教育金字塔的塔尖，受过良好的、系统的高等教育，具有相对较高的知识素养、较丰富的知识储备，以及较为广泛的社会接触面。除此之外，部分研究生在本科阶段已是较为优秀的毕业生，他们中间多数人已经是三好学生、优秀学生干部、党员，无疑，研究生这个群体汇集了青年的精英。因此，研究生与同龄人对比之下，更容易突显自身的优越性，产生自负心理，获得心理上的优越感。

6)耐挫力层次不一

耐挫力是指一个人在经历挫折后面对问题和解决问题的能力。耐挫力在不同人身上会展现出不同的力量。就研究生群体而言,从总体上讲,研究生群体由于年龄、思维的成熟,其心理抗挫折能力较本科生而言还是相对强的,乐观向上、积极奋进、斗志昂扬是研究生群体的主要特征。从另一角度而言,仍然存在一部分研究生耐挫力不强、悲观意识强烈的现象。随着时代的发展和研究生招生规模的扩大,大多数研究生的学习、生活能够实现顺利衔接、顺利发展,能够获取"一帆风顺"的发展前景。但也呈现出由于许多研究生是在本科毕业后直接上研究生,缺乏社会工作的经验和经历,因此缺少竞争意识、缺少实践经验。部分研究生群体的日常生活、学习场所大多在学校里,往往缺乏社会经历,一旦遇到挫折,则表现为缺乏耐心和毅力,优柔寡断,缺乏应变能力,不能顾全大局,出现"绝对化思维""破罐子破摔"和"习得性无助"等现象,表现出心理上的自我指责、安全感缺失和看待问题负面消极等,这种抑郁情绪和回避行为会促使他们只看到事物坏的一面,遇到挫折"知难而退",遇到事情"半途而废",遇到困难"望而却步"。由此看来,当部分研究生群体面对压力时,往往会呈现出抗压性不强、耐挫力不强、悲观情绪严重的现象。

1.1.3　行为特点

行为是指在一定条件下,不同的个体、不同的群体表现出来的基本特征,或对内外环境因素刺激所作出的能动反应。行为是思维的产物,是内心活动的外在表现。研究生作为高层次的专业人才,是社会的骨干、精英,其行为对社会有着举足轻重的影响力和示范性。因而,分析研究生群体的行为特点,掌握研究生群体的行为活动方式,将有利于重新审视研究生群体在社会发展中的重要作用。

1)学习能力强

学习能力是获得和运用知识的能力,它是感知、认知、自控力、理解、记忆、操作能力等诸多能力的综合体现。不同的学习阶段,学习能力展现不同的水平,就研究生群体而言,他们一般是从优秀的本科毕业生或同等学历的优秀群体中选拔出来的。研究生群体作为高等教育人才的重要组成部分,通常比本科生受教育水平高,社会经历较为丰富。因此,研究生在为人处世方面会比本科生略显成熟,在看待问题、分析问题上也能够透过现象看本质;而在学习方面,也比较自觉自律,思维开阔,有自己的主张和看法,会选择适合自己的学习方法,有自己的思想和原则,独立性很强;在学习过程中,也能客观审视自己的不足,扬长避短。此外,研究生群体还会通过相关的实验操作、相关课题的研究及论文的撰写,不断完善自己的知识架构,构建新的知识体系,在有针对性地收集资料的过程中逐渐培养独立研究的能力。除此之外,研究生的研究方向更集中、专注,他们并不局限于老师在课堂上传授的已有知识,而是更倾向于发挥主观能动性、自己动手试验、动脑思考。在这种学术行为的养成与学术氛围长久的熏陶下,研究生的学习能力显著提升、科研能力显著增强。

2)导师制特点突出

研究生教育是运用高深专业知识进行探究创造的教育,这是与普通本科教育的重要区别之一。研究生教育是我国高等教育人才培养的最高层次,作为主要动力元素促进国家科技创新,是国家人才储备的主要来源。在研究生教育体系中,我国主要实行导师制,这一制度使得导师因其特殊优势而成为研究生成长成才的陪伴者和引航者。导师的作用主要表现在以下几方面。一方面,就专业学习而言,研究生在导师或导师小组的指导下进行专业学习和科研探究,在整个过程中,研究生导师成为研究生在学期间接触最频繁、联系最密切的人。导师应在指导学生学习的过程中及时发展和激发学生在学术领域中的某一兴趣点,重视研究生创新思维的训练,从而影响研究生的研究兴趣及动力,培养研究生的创造性思维,以期达到良好的指导效果。从培养层面看,除相对统一的学分课时要求外,导师应鼓励学生多参加各类学术会议及活动,拓展学术视野、关注学术前沿,为研究生的创造力培养提供新视角;在培养模式上,研究生的主要学习任务及其他培养任务几乎由导师来具体策划实施,导师对研究生的培养过程具有绝对主动权;从毕业要求层面看,虽然各个高校都有一定的标准,但导师定的标准往往高于学校及院系标准,过得了导师关才算真正毕业。因此,在研究生教育阶段,呈现导师制突出的特点。另一方面,就成长成才而言,研究生在学习成长过程中会接触较多的新鲜事物,在探究新事物的过程中,导师的言传身教、学术研究和学术成果中展现的创造力及导师的一言一行均会对研究生群体产生较大影响,其治学态度、人格魅力、道德情操、道德品行、处事经验、为人方式等也对研究生起着潜移默化的指引作用。因而,导师在研究生学习、生活上扮演着十分重要的角色。

3)较强的自我调控能力

自我调控是指个体控制和指导自己行动的方式,自我调控强调个体对自己的思维、行为进行监察、评价、控制和调节的过程。相关研究表示,研究生善于自我调节、自主学习和自我教育并认为自己是个善于自我管理、自我调控的人。对研究生群体而言,具有自主性的自我调控具有双面表现。一方面,在规划自己的学习理想、职业理想、人生理想时,无须老师、父母的安排,研究生能根据自己的想法,独立地规划未来。例如,一些研究生会依据自己内心想法去选择毕业后的发展道路,或考公务员,或进国企等。另一方面,研究生在不断提高自我调控水平的同时,也容易陷入误区而不能自拔,尤其是在新时期的网络教育背景下,网络文化的开放与多元性、真实与虚拟性、健康与色情暴力性极有可能蒙住研究生的双眼,辨别能力差和自我调控能力低的研究生容易误入歧途。例如,部分研究生迷恋网络中的人机对话模式,在长久的人机对话模式下,会产生脱离现实社会的心理,出现"网络社交障碍症"。长此以往,这类群体讨厌现实世界,希望脱离现实世界,不愿和现实中的人成为朋友,就连平常与人普通的交流都很抗拒,由此会产生交流障碍。

4）人际交往的多样化

人际交往是指个体通过一定的语言、文字、肢体动作、表情等表达手段将某种信息传递给其他个体的过程。人际交往广泛存在于世界之中，因而人际交往具有多样化这一显著特征。一方面，研究生人际交往具有广泛性。与本科生相比，研究生的人际交往具有相对广泛性，主要表现为研究生交往范围的扩大、交往频率的提高和交往方式的多样。研究生群体通过教育教学、课题研究、学术交流、社会实践等活动，在学习生活中能接触到更为多元的层面，人际交往圈的规模也日益扩大。再者，交流方式的进一步改进也为研究生广泛的人际交往提供了契机，过去的研究生交往方式主要是互访、通信等，随着微博、微信、QQ 等网络聊天工具的开发，这种新兴的社交方式逐渐被研究生接受，逐渐渗透到他们的学习和生活当中，研究生人际交往变得更方便、更快捷，交往时空距离虽然更为遥远，但是却建立起更为广泛的人际交往。另一方面，部分研究生在处理人际关系、进行社会交往活动时存在障碍。例如，有些研究生于学术成果的自我保护、沟通交流能力不强等原因，在与人交流的过程中出现偏差，造成关系紧张，无法或者不能顺利地与周边人群进行正常的交流、沟通，从而造成其人际交往中的封闭心理；有些研究生由于情感因素等影响，对异性有排斥心理，造成人际交往中的自卑、多疑、戒备和敌视心理；还有些研究生将全部精力投入科研任务当中，忽视了人际交往的必要性，造成了其在群体活动中的交往障碍。因此，研究生群体的人际交往呈现多样化趋势。

5）实用主义色彩浓厚

随着新时代持续推进，建设现代化经济体系成为进入新时代我国经济发展的战略目标，而“社会的转型和深刻的变革引起了人们的思想观念、生活方式和价值观念发生深刻变革”。作为正处于价值观形成关键时期的研究生群体，他们中的一部分人在形成完整价值体系的过程中，容易受到西方实用主义价值观的影响，导致其思想观念不符合我国主流价值观的发展要求，呈现出实用主义色彩浓厚的现象。研究生群体的实用主义色彩浓厚主要表现在 3 个方面。政治观上的“利己主义”；择业观上的“高薪自由”；消费观上的“求新求异”。首先，在政治观方面，部分研究生群体从“利己主义”出发，注重个人利益。改革开放以前，我国总体生产力虽然还处于较低水平，但人人讲奉献，都在积极地投身国家建设工作。经过改革开放 40 多年的努力，我国的综合国力和文化软实力都得到显著增强，亟须更多建设性人才，然而部分研究生群体受西方实用主义价值观中“有用即真理”的影响，在处理国家、集体和个人的关系时，更多表现为以“自我”为中心，强调个人利益为主，缺乏相应的社会责任感。由此，研究生群体中存在的较为偏离社会发展的政治观，成为部分研究生群体注重个人利益以及个人发展、不愿承担相应社会责任的表现。其次，在择业观方面，不少研究生受实用主义价值观的影响，认为想要获得更好的职业就必须积极参与实践活动，这本身没有错。然而，一些即将毕业的研究生害怕自己面临“一毕业就失业”的窘境，便选择在本应该夯实专业基础知识的时候忙于找工作,走"捷径",但由于并未给自己的人生以清晰明确的定位,结果盲目"撒大网",不少研究生在选择职业时考虑更多的是这份工作能否为个人带来丰厚的物质报酬和较高的社会地位,而不是这份工作是否与自己的专业对口或者真的符合自己的兴趣爱好。还有一部分研究生追求经济价值和个人价值的实现,而不是社会责任的履行:有的渴望去国外发展,认为留学归国是一种学习能力强的象征;有的想去沿海城市工作,认为沿海城市发展潜力大,就业机会多;更有甚者没有树立"职业平等观",认为自己作为高级知识分子的代表,以后的职业应该是坐在办公室享受空调,而不是去日晒雨淋。最后,在消费观方面,受政治观和择业观念的影响,部分研究生的消费观念也相应发生了变化,更多地表现为追求个性的"求新求异"的消费模式,更加追求物质利益所带来的"精神享受",从"买买买"中获得生活的乐趣。例如,每年的 11 月 11 日,这本来是一年中普通的一天,现在却被互联网营造成了购物狂欢节,各大购物平台在这一天赚得盆满钵满,不少研究生会选择在这一天"疯狂"购物。为了使用优惠券,购买了许多平时不怎么用的东西,当然也不乏许多人在这一天购买一些生活或学习上真正需要的东西。而现在又多了一个新词:萌宠经济,说的是许多青年都会养宠物,其中研究生群体占了大多数,他们会为宠物提供尽可能好的服务。而"星巴克"便抓住"萌宠经济"的商机,使其生产的猫爪杯在网上被炒到高价卖出。不难看出,无论是"双十一狂欢节"还是"萌宠经济"时代,在以前的消费模式中都是没有的,而这也是部分研究生在消费观念上缺乏实用主义的表现。

6)团队协作能力不强

团队协作能力,是指建立在团队的基础之上,发挥团队精神、互补互助以达到团队最大工作效率的能力。团队协作能力是凝聚一个团体的重要力量,研究生群体作为一个庞大的集体,往往呈现出个人主义色彩浓厚的现象,团队协作能力还有待加强。部分研究生坚持以个人为中心、以个人利益为出发点、强调个人自由,逐渐形成与这类观念相适应的价值体系和道德观念形态。他们坚持从"利己"角度出发,认为自私是人的本性,将个人利益凌驾于集体利益之上,对同学态度淡漠,对国家事务不闻不问,不了解国际形势、不关心时代大势、不顾他人和集体利益,甚至出现许多类似"事不关己,高高挂起""宁教我负天下人,休教天下人负我"和"各人自扫门前雪,休管他人瓦上霜"等个人主义现象。除了个人主义色彩浓厚,研究生团队协作能力不强还表现在研究生群体的意识和行为上。当他们参与集体活动时,往往会在集体中展示不同的想法和行为活动。例如,部分研究生受利益的驱使,会重新审视利于自身利益与自身发展的方向,导致一些研究生在集体活动中个人主义色彩浓厚,缺乏团队参与行为。再例如,在研究生阶段,学校会设置联通学院和学生的学生会组织,而部分研究生则认为参与学生会意义不大,不仅会浪费时间,还会被"强迫"性地做一些与自身联系不大的无用功,由此,出现了一些研究生不愿参与研究生学生会为其他同学服务的现象。

7）独立性较强

目前在校研究生的状况相对于本科生而言，思想较为成熟，自尊心较强，试图在社会中寻找自己的定位，渴望得到他人的认同与肯定，凡事追求公平、公正。除此之外，一些研究生自认为经历过本科四年的学习，自身已远远超越了“懵懂期”，认为自己已然是独立的个体，一些研究生认为团队存在的意义不大，面对许多事情自己可以单打独斗、“埋头苦干”，运用自己的力量就能解决问题。例如，在学习和生活上，部分研究生展现出“独立性”的一面，即在学习方面，一些研究生的学习是以少数人甚至个体为主，在长期缺乏群体行为和群体活动的环境下，他们将大多数时间花费在实验室或者写论文上，长久下去，逐渐形成了从宿舍到实验室的具有特殊性的“独立性”学习模式，缺少学术性探讨。在生活方面，一些研究生在业余文化生活中接触到的人和事较少，在这种特定的环境影响下，逐渐养成了不善与人沟通、不关注社会和人际关系的习惯，从而容易形成相对较强的“独立性”的活动方式。

1.1.4　其他特点

研究生群体的特点除了心理、思想、行为方面，在其他方面还需要进一步探索研究生群体普遍存在的特点。

1）研究生群体构成复杂

纵观高校研究生群体的构成，呈现出以下一些复杂特点：第一，生源来源广。在生源构成方面，既有高校的应届毕业生直接攻读研究生学位的，也有工作或待业后再来攻读的，还有来自事业单位、机关单位的委培研究生。他们中有已婚的，也有未婚的。第二，培养方式多样。目前，在高校研究生的培养方式上，有学术型与专业型之分、脱产学习和在职学习之分，还有全日制统招与委托培养之分。第三，年龄跨度大。本科生一般趋于同龄人，年龄相近。而高校研究生群体年龄跨度大，目前在校硕士研究生年龄在 21～40 岁，几乎各个年龄段都有。第四，社会阅历不一。由于高校研究生生源来源广，其社会阅历参差不齐，如直接读研的应届生社会经验相对欠缺，生活阅历简单。有工作经历、待业经历或婚姻家庭的研究生，社会阅历相对丰富。与本科生相比，这些复杂特点使得高校研究生群体在思维、认知以及日常生活中的行为等方面呈现出不同特点。

2）群体差异明显，个性化突出

研究生因其群体结构的复杂性而体现出生活方面诸多差异与分化。一方面，就生活方式而言，由于研究生生源渠道的复杂性、学科类别的多样性、利益诉求的特异性等表征，其个体生活呈现明显的群体差异性特点。例如，针对某一特定问题时，不同背景的研究生会对同一问题产生不同的看法。另一方面，就为人处世而言，由于研究生群体存在生活圈际相对稳定、价值目标相对明确、情感意志相对稳固等表征，其待人接物呈现突出的个体个性化特点。

例如,有些研究生在待人接物上表现出见贤思齐、择善而从,有的研究生则会见利忘义、背信弃义。由此,研究生群体呈现出群体差异明显、个性化突出的特征。

1.2 研究生社会主义核心价值观教育的特征描述

研究生社会主义核心价值观教育的过程是在研究生群体的心灵上播种、发芽、开花、结果的过程。在对研究生群体实施社会主义核心价值观教育进程中,应体现出研究生社会主义核心价值观教育的主导性与主动性、情感性与情境性、实践性与实效性、人本性与人文性。

1.2.1 主导性与主动性

主导性是指居于主导地位并能引导事物向正确方向发展的事物。主动性是指个体按照自己规定或设置的目标行动,而不依赖外力推动的行为品质。主导性和主动性是培育正确价值观的重要因素。正确价值观的引领是构建社会主义和谐社会的思想基础,是促进民族团结的前进动力。作为正确价值观念的典型代表,研究生社会主义核心价值观教育在价值取向、教育内容、教学方式及路径选择上具有特殊性和导向性,为此,需要对研究生社会主义核心价值观教育的各类信息和资源进行整合,从整合中发掘研究生社会主义核心价值观教育的主导性。试想,如果研究生社会主义核心价值观教育缺乏主导性,就会导致研究生社会主义核心价值观教育内容呈现"空洞性"、研究生社会主义核心价值观教育方式缺乏"条理性"、研究生社会主义核心价值观教育环境缺乏"氛围感"。社会主义核心价值观教育根基不稳,就会导致纷繁复杂的价值观念泥沙俱下,出现"价值混乱""价值错位""价值扭曲"和"价值实效"等现象,致使研究生群体在追寻价值观和人生观中迷失方位,找不到真正价值观的归宿。因此,研究生社会主义核心价值观必须具备主导性,为研究生群体的思维观念和行动方式给予正确的价值目标和价值遵循,进而推动研究生群体的全面发展。例如,高校在为研究生群体宣传社会主义核心价值观相关内容及精神时,一定要坚守正确的价值导向和意识形态,用符合国家、社会、学校发展方向的内容、方式、方法来教育和引导研究生群体向正确价值观方向前进。

研究生社会主义核心价值观教育的真正意义是研究生群体在认同社会主义核心价值观内容后将社会主义核心价值观的价值准则转化为研究生群体的内在标准,即研究生群体的自身品德。研究生社会主义核心价值观教育通过把社会主义核心价值观的核心要义与研究生群体的思想、情感、行为相融合,促使研究生群体对社会主义核心价值观的态度由自发转向自觉,最终转变为研究生群体自觉自愿的行为。只有这样,研究生社会主义核心价值观教育的过程才算真正意义上的完成。研究生社会主义核心价值观教育的过程并非单向的、系统"灌输"的,而是研究生群体在发挥主观能动性的基础上自觉选择、加工、构建社会主义核心价值观知识的“双向”过程。对教育对象来说，真正有效的教育应该是自愿、自主、自律和自觉的统一，是个性化和社会化的统一。因此，研究生社会主义核心价值观教育要坚持研究生群体的主体性，将核心价值观知识作为中介，充分发挥研究生群体的主观能动性，实现研究生社会主义核心价值观教育对研究生群体的价值引领和行为规范作用。例如，部分研究生在社会中参与宣讲社会主义核心价值观的活动时，就需要发挥自身的主观能动性，深入理解社会主义核心价值观内涵，运用丰富的宣讲理念和宣讲方式，依据不同的教育对象实施不同的宣讲模式。

1.2.2　情感性与情境性

罗杰斯认为，很长一段时间以来，我们所受的教育都只是强调知识，而摒弃了在知识建构过程中存在的一切情感。我们所受的是一种知和情严重分离的教育。事实上，人们接受教育的过程不仅是获取知识的过程，还是一种建构学习方法和培养健全人格的过程。在这一过程中，要把人的情感贯穿在各方面、各维度。情感体验在价值观认知中扮演着重要的角色，体验的过程和结果都可以对行为发挥导向作用。从这个意义上说，情感驱动行为发生，情感同时也使行为产生意义，使价值观具备了血肉。情感是一种内心体验，通常在人与某种需要相联系时出现，是通往人对事物的所谓爱憎、好恶等态度的桥梁，是一种以内在需要为基础的内在情感。从现实性方面讲，人的情感是认知学习和行为学习中不可或缺的因素，缺乏情感的教育是无灵魂的。同样，缺少情感体验的价值观无疑是纸上谈兵、一纸空文。因此，研究生群体个体价值的彰显、个体意识的觉醒，迫使研究生社会主义核心价值观教育不能再将研究生群体视为灌输的“道德袋”，而是把研究生群体看作一个个有思想、有情感的教育对象。由此表明，研究生社会主义核心价值观教育要蕴含丰富的情感体验、注重情感教育，用带有情感温度的教育主体、教育内容、教育方式、教育环境、教育载体来教育研究生群体，帮助研究生群体领悟社会主义核心价值观的真谛，进而把内心的冲突过程沉淀为情感体验，把对社会主义核心价值观教育的认知升华为信念并以此指导自己的行为。如在宣传爱国主义精神时，可以运用“线下+线上”的模式，为研究生群体提供良好的、带有氛围的“情感性”平台。即一方面在线下开展爱国教育的课程和活动，让研究生群体在实际生活中感受爱国主义的魅力；另一方面发挥自媒体的作用，发挥微博、微信、QQ、飞信、抖音、快手等媒介的作用，在这些媒介中发表一些爱国的典型案例、建立与之相关的微信公众号和官方微博、开展“点赞最美爱国者”和“先进人物典型事迹宣传”等活动来宣传爱国精神，让爱国精神成为网络最强音，发挥爱国精神激励人心的作用，促进新时代研究生群体在爱国精神的滋养下树立积极乐观的人生态度，从而形成正确的人生观和价值观。

情境性是指在一定时间内各种情况结合的境况，情境性包容万物，是容纳万物、烘托氛围的重要载体，就如教育领域，教育并非是独立于情境之外的符号，也并非脱离情境而抽象存在。教育与情境是相结合的。研究生社会主义核心价值观教育作为一种直击生命、震撼心灵的具体教育，需要适时、合理地把情境教育与研究生群体相融合。因此，研究生社会主义核心价值观教育要高度重视对生命、情感的感知、认知与理解,发挥特定时间和空间的作用,营造与之相适应的情境氛围,创设一种让研究生群体产生内化动机和内化需要的"文化场所",促使研究生群体能够最快进入情感的自我体验状态,从而达到自我感悟、自我教育、自我调控的最佳的情感体验状态,逐渐从"感性世界"向"理性世界"迈进。例如,高校在向研究生群体宣传奋斗精神时,可以通过研究生的日常生活进行"情境性"宣传,可以将奋斗精神融入研究生群体的宿舍文化中。如果说大学是一个"情境性"的小社会,那么宿舍便是这个小社会里的一个"情境性"的大家庭,宿舍文化则是这个大家庭的"精神花园"。每个人都具有独特性,以至于宿舍成了"百家争鸣,百花齐放"之地,因而,可以在生活中积极开展贴近学生生活实际的奋斗精神进宿舍活动,不断让新时代研究生在"情境性"的宿舍文化熏陶下,锐意进取,更加努力奋斗,更加具有青春活力。

1.2.3 实践性与实效性

实践性是指人们在进行创造性思维的过程中,必须在实践中促进思维能力的进一步发展,在实践中检验思维成果的正确性。实践性与理论性的思维不能分割,价值观作为思维的重要组成部分,价值观的传播不能脱离现存的现实生活与活动,脱离现存世界而生的价值观是无源之水、无本之木,更不会与人类的意识形态相融合,成为人们内化于心、外化于行、知行合一的内化物及外化物。如果说将社会主义核心价值观长期"坐而论道""纸上谈兵",那么,研究生社会主义核心价值观教育只会创造出知行脱节甚至相反的"双重人格"式的教育对象。马克思曾指出,人的实践是理解现实世界和主观世界的基点,现实的人的生产生活活动是从实践中来,回到实践中去的活动,即人的实践活动、知识构架都是从生活中来,回归生活世界的过程。研究生社会主义核心价值观教育作为一种价值观念传播的过程,需要与实践相结合,即一方面促使研究生群体参与道德实践,另一方面要积极关注研究生个体在日常生活中的道德实践、体验和修养,注重从研究生个体实践和体验中提炼出与社会主义核心价值观相匹配的有益经验和实际成果,并在集体的共同实践和道德参与中推动研究生个体的价值评判、价值选择、价值标准走向成熟,促使研究生社会主义核心价值观的实践品质由他律向自律转变的过程。例如,在对研究生群体进行诚信教育时,可以通过举办多种形式以诚信为主题的征文比赛、演讲比赛、歌咏比赛等;组织义务服务敬老院、农村下乡、支教等社会实践活动;组建学生社团,自编自演与诚信相关的话剧、歌剧、晚会等,通过开展与诚信相关的各种校园活动培养研究生群体的诚信意识,继而增强研究生群体对诚信的认识、认同和重视,最终实现研究生群体由诚信"认知"向诚信实践的过渡。

实效性是指实施的可行性和获取有实际意义的实施效果。实效性是人们实践活动取得重大进展的指标。就教育领域而言,任何一种教育只有取得实效才算是有价值的教育,若每一种教育仅停留在表面、喊口号,那么这种教育就成了纸上谈兵,无法获取实效性,成为空洞性教育。研究生社会主义核心价值观教育的实效性包含内在效果和外在效益两方面。研究生社会主义核心价值观教育的内在效果是指社会主义核心价值观教育包含的"24 字"能通过研究生群体的内化进而顺利地转化为研究生群体的思想道德素质；研究生社会主义核心价值观教育的外在效益是指研究生群体通过内化社会主义核心价值观的知识，把这类知识转换为推动社会物质文明和精神文明发展的外部力量。研究生社会主义核心价值观教育的实效性不是一蹴而就的，它是一个长期积淀、循序渐进、潜移默化、变化多样的发展过程。如果仅仅因为组织了几次实际性的活动、听了几次报告会就急忙声称“研究生群体的社会主义核心价值观水平有了新突破”，或者认为学生在严格管束下，所表现出的一时一事的行为规范达到了教育效果。那么，这种教育显然不能看作社会主义核心价值观教育的终极目的，甚至不能作为社会主义核心价值观教育的阶段性成果，而只能看作是社会主义核心价值观教育过程中所运用的一些手段和方法。因此，不能以某个单一的尺度来衡量研究生群体社会主义核心价值观教育是否取得了实效，必须重视社会主义核心价值观教育是一个潜移默化的过程，是一个研究生群体逐渐形成社会主义核心价值观要求的价值准则、会自己进行价值评判、能够按照社会主义核心价值观要求进行道德自律的过程。

1.2.4　人本性与人文性

认知心理学在方法论上倡导还原论，将人的认知过程视为多个子系统共同作用搭建起的内部信息加工的体系，倡导从人的整体性理解人的认知过程，同时兼顾存在于认知过程中的多个子系统。人本主义就十分赞同把人看作一个整体，用完整的人来研究整个心理现象，除此之外，人本主义强调环境、教育、遗传等多种不同因素，单个个体会出现不同的差异性。人具有整体性、差异性的特点就告诉我们，在整个教育进程中，要充分重视人的主体性，兼顾人本性。研究生群体社会主义核心价值观教育在教育过程中要遵循“人本主义”观念，把研究生群体视为一个完整的群体，同时，针对研究生个体的特殊性，对其开展有针对性的教育，充分展现“人本性”。例如，由于研究生群体存在特殊性，其展现出的问题也各不相同。一些研究生在经历了紧张的考研备战、初试、复试，从拿到研究生录取通知书的那一刻起，很多人会放松自己，在思想上出现松懈。有些研究生存在混文凭的消极思想，平时与导师联系非常少，也不积极参加课题组讨论。且研究生出科研成果的周期比较长，往往需要两年左右，因而很多研究生对科研活动缺乏积极性。但科研从来都不是一帆风顺的，需要勤奋和敬业的精神，那些平时消极对待科研的研究生，在不知不觉中就与其他学生拉开了差距。因此，面对这种情况，导师就需要发挥“人本性”的力量，多了解研究生，及时掌握学生动态。如对学生的个性化差异进行有针对性的指导，解决其存在的思想问题。例如，有的研究生家庭比较困难，在经济上比较拮据，不得不在外打工补贴生活，因而影响了科研活动。针对这种情况，导师要及时为研究生提供学校各类奖学金的信息，鼓励研究生努力做好科研，积极申请奖学金。这样既可以调动学生参与科研的积极性，又可以为学生解决后顾之忧。

人文素质教育是塑造人文精神的教育，即帮助教育对象学会“如何做人”，如何处理好人与自然、人与人、人与社会之间的关系。人文素质教育与社会主义核心价值观之间是相互联系的,即社会主义核心价值观是人文精神的核心,人文素质教育是社会主义核心价值观正确实施的沃土,是在更广阔视域和更深远意义上进行的社会主义核心价值观教育。尽管人文素质教育不单纯是价值观教育,但由于其教育的内容和德育有交叉,并且都指向人的精神塑造和德性培养,因此,在一定意义上,人文素质教育是在更广阔的视域和更深远的意义上进行社会主义核心价值观教育。离开人文精神而孤立地抓社会主义核心价值观教育,犹如无源之水、无本之木。因而,研究生群体社会主义核心价值观教育的实施,要汲取人文素质教育的内容,凸显素质教育的人文性,扎根于人文精神的沃土,对研究生群体开展有人文关怀的社会主义核心价值观教育。例如,高校在推行研究生群体社会主义核心价值观教育时,要将高校的文化与社会主义核心价值观相融合,发挥高校校园文化的人文素质和文化底蕴,不断提升高校文化建设的品位,将高校的科研文化、校园文化和社会主义核心价值观深度融合,逐渐形成相互交融的高校文化体系建设,进而提升研究生文化建设的高度和深度,不断提升高校高层次人才培养的质量,为构建社会主义现代化建设新时期努力奋进。

1.3 新时代研究生群体社会主义核心价值观教育的意义阐释

新时代条件下,研究生群体教育已成高等教育中重点关注的对象,强化研究生群体的社会主义核心价值观教育具有极其重要的意义。一方面,符合伟大复兴“中国梦”的实践诉求、弘扬民族精神凝聚民族力量、巩固国家主流意识形态建设、推进中国特色社会主义事业建设,另一方面,还与科教兴国人才强国战略、高校的理念宗旨、研究生群体树立价值观、实现研究生群体人生理想相契合。

1.3.1 实现“中国梦”的现实诉求

“中国梦”即实现中华民族伟大复兴,是近代以来中国人民最伟大的梦想,其基本内涵是实现国家富强、民族振兴、人民幸福。习近平总书记在十九大报告中讲到,当下是实现中华民族伟大复兴的新时代。习近平总书记的讲话就明确了实现国家富强、民族振兴、人民幸福的“中国梦”是每个中国人的梦想,实现中华民族伟大复兴的“中国梦”需要在全社会范围内形成强大的凝聚力和创造力。研究生群体作为高水平、高素质的知识分子群体,在青年群体中起到了价值引领的表率作用。一般而言,研究生群体进入社会后会担任许多重要职务,他们的工作效率和研究方向对于国家的当下和未来具有重要影响。因此,要实现中华民族伟大复兴的“中国梦”,就必须发挥研究生群体的骨干力量。社会主义核心价值观具有强大的凝聚力、感召力和向心力。研究生群体认同国家层面“富强、民主、文明、和谐”的价值目标,落实到实践中就是一股股推动社会进步的强大力量。“平等、公正、敬业、诚信、友善”等价值准则都是中华民族的优良传统和美好品德,是传承了几千年的民族精神。通过社会主义核心价值观教育的灌输和引导,这些优良的传统和品德在青年一代中就会落地生根,中华民族精神得以薪火相传,中华民族的伟大复兴之路也便有了最有活力、最有创造力的开拓者。由此看来,社会主义核心价值观教育可以增强研究生对社会主义的道路自信、理论自信、制度自信、文化自信,引导其为中国特色社会主义建设事业奋斗终身。“中国梦”是建设中国特色社会主义社会的目标,社会主义核心价值观是对社会主义社会的价值构想。对研究生群体进行的社会主义核心价值观教育,同时也是“中国梦”的筑梦教育。中华民族伟大复兴“中国梦”的重任在青年一代身上,需要研究生这一优秀青年群体的助力。为了在圆梦的道路上更好地发挥研究生群体的作用,社会主义核心价值观教育不可或缺。

1.3.2 弘扬民族精神,增强民族凝聚力的纽带

民族精神是一个民族在生存和发展的过程中表现出来的民族精神活力和特有的精神气质,是整个民族共同遵循的、促进国家进步和民族发展的价值取向和社会规范的总和。民族凝聚力是指一个民族内部间的相互吸引力,是推动民族向前发展的一种内部力量。民族精神和民族凝聚力是个人命运与国家命运紧密相连的精神纽带,是国家文化软实力的重要体现。民族精神和民族凝聚力关系到民族内部的团结、关系到国家的稳定与发展,更关系到“中国梦”伟大理想的实现。民族精神中蕴藏着“壮志饥餐胡虏肉,笑谈渴饮匈奴血”的爱国情怀;“人生自古谁无死,留取丹心照汗青”的民族气节;“修齐治平、家国天下”的崇高志向;“为天地立心,为生民立命,为往圣继绝学,为万世开太平”的使命担当;“但使龙城飞将在,不教胡马度阴山”的誓言气概;“先天下之忧而忧,后天下之乐而乐”的抱负胸襟;“格致诚正,修齐治平”的人生境界;“非淡泊无以明志,非宁静无以致远”的高尚品德。这些民族精神连接着各族儿女的民族情感,激励着一代又一代中华儿女为实现中华民族伟大复兴奋力前行。民族精神与当前倡导的社会主义核心价值观有很大的契合度。社会主义核心价值观涵盖国家、社会和个人发展三个层面,集中体现了中华民族传统文化中民族精神的积淀和传统美德的传承,是新时期对公民道德素质教育的新发展和新要求。在研究生群体中培育和践行社会主义核心价值观,有助于他们把自己的成长和国家民族的发展紧密地结合起来,在报效祖国、实现中国梦的强大精神动力指引下更好地学习研究,树立符合时代发展要求的价值理念和道德行为准则,把对祖国的热爱、对知识的渴望和对真理的追求转化为人生前进的动力,为传承文化、继承优良传统美德和助推中国梦的实现做出更大的贡献。

1.3.3 巩固国家主流意识形态的方向保证

国家意识形态是指在一定的社会环境下,处于统治地位的阶级为维护其利益并维持其稳定的社会秩序而由国家建构并推行的价值体系与行为规范,是众多社会意识形态的主流

和核心,在社会的精神方面占据着主导地位。①而在我国,社会主义国家意识形态则是指以马克思主义为理论基础和指导的理论体系和思想观念。作为我国核心价值观念的集中体现,社会主义核心价值观是发展社会意识的中坚力量。习近平总书记说过,“青年的价值取向决定了未来整个社会的价值,现在的青年正是价值观逐渐确定的重要时期,引导这个时期的青年形成正确的价值观是特别关键的”②。新时代条件下,经济全球化席卷社会各领域,加之社会处在大发展、大转型时期,整体社会思潮愈发呈现出复杂多样、泥沙俱下的局面,这将在极大程度上冲击国家主流意识形态建设。而且随经济全球化的深入发展,文化方面也呈现出多元化特征,受西方资本主义国家意识形态的长期威胁,新时期研究生群体的价值观出现一种多样化趋势,其间存在着许多不良的价值取向。长期以来,西方敌对势力把我国青年一代作为其进行和平演变的对象,其中也包括具有较高文化水平的高校研究生群体。因此,如何在复杂局面中找出适合自身发展的价值观念并牢牢掌握意识形态话语权,如何将“富强、民主、文明、和谐、自由、平等、公正、法治、爱国、敬业、诚信、友善”落小、落细、落实到日常生活中就显得极其重要。③就如习近平总书记所言,意识形态与文化前进的方向和发展的道路惺惺相惜,要牢牢掌握意识形态工作的领导权来推动社会主义文化繁荣昌盛。因而,作为国家进行意识形态宣传的主要阵地与培养高层次高技术人才的高校,一定要积极督促研究生群体认真学习社会主义核心价值观。因此,只有把社会主义核心价值观融入研究生群体日常的学习,才可以使他们提高辨别是非的能力、树立正确的价值观,从而捍卫我国的国家意识形态安全。除此之外,研究生群体的社会主义核心价值观教育直接和间接地影响着社会的主流价值观,也是官方所倡导的一种价值观,需要发挥研究生群体的力量,需要研究生群体自觉认知、认同、实践社会主义核心价值观,需要研究生群体来推动社会主义核心价值观大众化和普及化,并且在此基础上不断进行深入研究,从理论和实践两方面进行认真学习和积极传播,从而在引领整个社会的正能量和主流价值观的同时,巩固国家主流意识形态建设。④

1.3.4 建设中国特色社会主义伟大事业的必要环节

中国特色社会主义,就是在中国共产党的领导下,立足基本国情,以经济建设为中心,坚持四项基本原则,坚持改革开放,解放和发展社会生产力,巩固和完善社会主义制度,建设社会主义市场经济、社会主义民主政治、社会主义先进文化、社会主义和谐社会、社会主义美丽生态,建设富强、民主、文明、和谐、美丽的社会主义现代化国家。党的十九大报告指出:“中

---

① 陈秉公.论国家意识形态“高势位”建设与实现“引领”功能的基本方式:兼论六十年国家意识形态建设与引领成功经验的理论解读[J].思想政治教育研究,2009,25(5):2.

② 习近平.习近平谈治国理政[M].北京:外文出版社,2014:163.

③ 中共中央办公厅印发《关于培育和践行社会主义核心价值观的意见》[N].人民日报,2013-12-24(1).

④ 蒋道平,陈文,张丁杰.研究生社会主义核心价值观现状及培育路径探究[J].研究生教育研究,2016(6):50.

国特色社会主义进入了新时代，这是我国发展新的历史方位。”①中国特色社会主义事业持续向前推进，新事业的发展离不开研究生群体的支持和助力，离不开社会主义核心价值观对研究生群体的滋养。就社会主义核心价值观的内容来看，社会主义核心价值观在公民层面强调要“爱国”。在研究生群体中进行社会主义核心价值观教育，有助于激发研究生群体强烈的民族自尊心、自信心和自强不息的奋斗精神，主动投身到实现中华民族伟大复兴的道路中来。社会主义核心价值观第二位强调“守法”，也就是一种约束力，指明公民要自觉遵守法律，维护社会公平与稳定。研究生群体通过基础的法律知识学习，懂法、知法、明法、守法，成为维护和遵守法律的执行者。“明礼诚信”是道德层面的要求。加强研究生群体在道德层面的教育，促使研究生群体成为社会主义道德规范和行为规范的践行者，激发研究生群体才学之外的道德文明力量，提高研究生群体的道德素质。就社会主义核心价值观的作用来看，培育和践行社会主义核心价值观，能够教育引导研究生群体把实现“中国梦”的远大理想转化为具体的价值追求，把国家利益、集体利益、个人利益更好地联结起来，更加明确不同社会阶级、群体、个人的价值目标，为人们的思想和行为确立能够遵循的道德标准和行为准则。以社会主义核心价值观认同引领研究生群体前进的方向，能持续增强研究生群体对建设中国特色社会主义事业的认同感，更好地鼓舞研究生群体用自己的青春与激情投身中国特色社会主义建设事业，并在引导社会进步的风潮中为中华民族的伟大复兴不懈努力、添砖加瓦。

1.3.5　贯彻高校科教兴国、人才强国的题中之义

科教兴国是指全面落实科学技术是第一生产力的思想，坚持教育为本，把科技和教育摆在经济、社会发展的重要位置，增强国家的科技实力及向现实生产力转化的能力，提高全民族的科学文化素质。人才强国是指在建设中国特色社会主义伟大事业中，要把人才作为推进事业发展的关键因素，努力造就数以亿计的高素质劳动者、数以千计的专业人才和一大批拔尖的创新型人才。“天下之治者在人才。”党的十九大报告指出，要加快建设创新型国家，必须“培养造就一大批具有国际水平的战略科技人才、科技领军人才、青年科技人才和高水平创新团队”②。知识的力量是任何国家、任何时代进步和发展的基石。尤其是在以“科技为第一生产力”的今天，人才是最宝贵、最有力的竞争资源。列宁在谈论社会主义建设时说道，没有“必需的知识和文化”，只靠“蛮干或突击，机敏或毅力，以及人的任何优秀品质，都是无济于事的”。③作为高层次人才，研究生群体掌握着先进的科技知识，在基础理论和实践应用方面会涌现出大批的拔尖人才，是中国特色社会主义建设事业的先锋力量，是国家科教兴国战略和人才强国战略得以实现的核心和关键。但知识和才能的正当发挥需要一定的价

---

① 习近平. 决胜全面建成小康社会夺取新时代中国特色社会主义伟大胜利：在中国共产党第十九次全国代表大会上的报告[J]. 求是，2017(21)：6.

② 习近平. 决胜全面建成小康社会夺取新时代中国特色社会主义伟大胜利：在中国共产党第十九次全国代表大会上的报告[J]. 求是，2017(21)：14

③ 中共中央马克思恩格斯列宁斯大林著作编译局. 列宁全集：第四十三卷[M]. 北京：人民出版社，1987：379.

值引领。现实生活和历史上不乏利用智力伤害他人甚至危害社会的人,能力越是强大,做出的贡献也越大,同时,实施恶行所产生的危害也更大。研究生群体以学术科研为主要任务,其在学术领域中涵养出来的独立精神和自由思想让他们愿意做最前沿的学术研究,在学术海洋里有创造性地探索也强化了研究生群体的自由意识和个性追求。然而,面对学术自由和限制现实的抉择时,研究生群体要有正确价值观的约束和导向才不致误入歧途。对研究生群体进行社会主义核心价值观教育能够使其树立起崇高的社会主义理想信念,增强国家意识和集体观念,明辨真善美、假恶丑,树立有益于国家、社会、人民的正确的价值观,成长为愿为社会主义现代化建设事业奋斗终身的强国人才。[①]因此,研究生群体社会主义核心价值观教育是科教兴国战略和人才强国战略的题中之义。

1.3.6 坚守高校立德树人宗旨的中心环节

立德树人是指培养有品德的人才。立德,就是坚持德育为先,通过正面教育来引导人、感化人、激励人;树人,就是坚持以人为本,通过合适的教育来塑造人、改变人、发展人。在新时代高校教育体系中,立德树人成为高校宗旨的中心环节,主要强调在高校中要践行以德立人、树人以德的宗旨。育才造士,为国之本。习近平总书记指出:“让学生德智体美劳全面发展,归根到底,就是立德树人,这是教育事业发展必须始终牢牢抓住的灵魂。”在教育事业中,立德树人成为高校重中之重的责任与义务,摆正立德树人的位置,恰当处理好立德树人与学生德智体美劳全面发展间的关系,是高校教育持续发展的“灵魂”所在。研究生群体作为高校中不可或缺的学生群体,是高校践行立德树人的重要实施对象。就研究生群体单个个体而言,德是一个人发展的重要前提,是做好其他事必须拥有的素质;就研究生群体整体而言,研究生群体拥有的知识、能力只有用良好的价值观念进行引导才能收获利于自身、利于学校、利于社会的最大化效果。因此,在高校中,加强研究生群体社会主义核心价值观教育,帮助研究生群体树立正确的思想观念、理想信念,做出正确的价值判断与行为准则,促使研究生群体不断完善自身,朝着实现自身全面发展的方向前进成为高校教育事业中不可忽视的重要事业,成为高校贯彻立德树人宗旨的题中之义。

1.3.7 帮助研究生树立正确价值观的重要方式

价值观是指社会关系中人们对事物价值的总的看法以及普遍主张。价值观具体表现为人们思想中长久不变的信念和理想。价值观具有双重指向。第一,价值观体现为人们的价值追求与价值目标。第二,价值观体现为一种标准,正确的价值观可以指导人们进行正确的价值选择和判断。培育良好的、正确的价值观不仅有利于完善个体,更有利于促进整个社会和国家的发展。在高校里的研究生群体普遍具有较高的科研水平和知识水平,而且其价值

---

① 刘兴华.研究生社会主义核心价值观教育路径探析[J].思想政治教育研究,2018,34(3):43.

观也逐渐趋于稳定。一般来说,研究生群体的价值观念呈现出积极健康的一面。但是,随着网络时代的不断发展,互联网已经成为人们相互学习、讨论和交流的主要平台,各种各样的消息、图片和言论都会及时出现在大家关注的范围内,尤其是一些比较敏感且不易辨别的信息,人们很容易失去分辨力,使其动摇自己的价值观。即使是正在接受高等教育的研究生群体也无法避免,当价值观念来自一种开放自由的社会环境中,由于来自科研、年龄、职业和生活等多方面的压力,一些研究生难免会钻牛角尖,这不仅会出现消极的思想,严重时还会形成错误的价值观。除此之外,经济的发展、文化的融合以及网络的快速发展给人们带来许多便利的同时也激发了各种社会矛盾,滋生了许多负面情绪,这也对研究生的政治信仰、理想信念和价值取向造成巨大冲击。社会主义核心价值观是多元价值观念中的一股清流,其提出的目的在于引领社会思潮、凝聚社会共识,引导人们树立正确的道德观念和行为准则,而这对排除各种不良思想的影响、弘扬主旋律、提升正能量具有重要作用和意义。习近平总书记指出要“充分发挥正面宣传鼓舞人、激励人的作用”[①],肯定主旋律、正能量的价值所在。研究生知识层次较高,进入社会后占据许多重要的工作岗位,良好的思想政治素质和道德品质对于他们个人发展和社会发展意义重大。在研究生中培育和践行社会主义核心价值观教育,树立其道德和思想的牢固防线,有益于他们消除各种负面影响,提升正能量,有助于他们保持昂扬的精神面貌和饱满的工作热情,投入到国家建设发展的潮流中。由此看来,研究生学习社会主义核心价值观也是非常有必要的。社会主义核心价值观在我国意识形态领域占据着重要地位,突显了我国社会发展的主要理念,各高校在进行相关的教育工作时,应积极主动地将其教育教学工作和社会主义核心价值观的培育结合起来,这不仅仅把研究生学习的范围扩大了,还可以帮助研究生极端重要塑造良好的和全面的个人素养,让他们能够准确掌握自身成长成才的价值取向与价值目标。同时,研究生通过对科学知识方面的了解和学习,还能提高个人思想深度,形成正确的价值观念。

1.3.8　实现人生理想价值目标的精彩课堂

人生理想属于意识形态范畴,是人们追求完美事物的奋斗目标。人生价值是指个体在实现人生理想后实施的有益于自身、他人和社会发展的行为活动。习近平总书记强调指出:“中国特色社会主义是我们党带领人民历经千辛万苦找到的实现中国梦的正确道路,也是广大青年应该牢固树立的人生理想信念。”实现伟大中国梦,依靠的不仅是中华民族自身的力量,还需要每个中国人的力量,更需要万千青年群体在树立正确的理想信念的基础上致力于实现中华民族伟大复兴中国梦的力量。研究生作为新时代中实现伟大中国梦的中坚力量,必须树立坚定正确的理想信念,进而实现人生理想价值。正如爱因斯坦所说:“一个人的价

① 习近平. 意识形态工作是党的一项极端重要的工作[J]. 决策导刊,2013(8):1.

值，应该看他贡献什么，而不应该看他取得什么。”[①]即评价一个人的价值标准是看他对自身、他人、社会的贡献度，而非他从外在世界中的获得与索取。研究生作出正确的价值判断的前提是有正确的价值观念的指引，即用正确的价值观念指引正确的行为实践，实现其人生价值。当代中国以特色社会主义事业建设为核心，各项事业也紧紧围绕推动该事业的进步而展开。研究生要想在走出象牙塔后仍然可以游刃有余地生存并有所建树，必须要顺应社会发展的趋势，投身中国特色社会主义事业建设大潮，坚定马克思主义信仰，精神与行动并进，积极接受和践行社会主义核心价值观。社会主义核心价值观的“24 字”勾勒出国家、社会、个人的正确发展方向，描绘出生动的价值观指向，为研究生群体实现人生价值提供了美好的蓝图指向。因此，社会主义核心价值观要通过教育的手段渗透到研究生群体中，发挥社会主义核心价值观的价值引导、精神凝聚和行为规范作用，坚定研究生对社会主义核心价值观的信念，帮助研究生在个人价值和社会价值中找到平衡点，引领研究生找准个人自由全面发展的方向，促使研究生完善个人职业生涯规划，引导研究生遵守法纪道德，继而增强研究生对自己的价值自信，实现人生价值。因而，研究生要始终以社会主义核心价值观为导向，学好社会主义核心价值观内容，上好社会主义核心价值观“课堂”，在社会主义核心价值观的正确引领下，将自身所学知识与技能积极地转化为能够促进社会进步的生产力，进而在实现人生理想中找寻真正意义上的人生价值。从整体上而言，研究生对于社会主义核心价值观的学习、认同和践行，是为投身中国特色社会主义建设事业打造精神武装的过程，更是自我提升、自我发展、自我完善的价值实现过程。因此，强化研究生社会主义核心价值观教育是实现研究生群体人生理想价值目标的精彩课堂。

---

① 爱因斯坦. 爱因斯坦文集：第三卷[M]. 许良英，赵中立，张宣三，编译. 北京：商务印书馆，1979：68-69.

第2章 研究生社会主义核心价值观教育的理论基础

研究生社会主义核心价值观教育并不是简单的知识传授过程。研究生社会主义核心价值观教育应体现主导性与主动性、情感性与情境性、实践性与实效性、人本性与人文性等特征。因此,教育者应将其视为一项系统工程,紧紧围绕研究生社会主义核心价值观教育的发展功能、稳定功能、和谐功能、育人功能、审美功能,全面构建社会主义核心价值观教育实施路径。研究生社会主义核心价值观教育必须要有科学扎实的学理依据支撑,否则容易流于表面或误入歧途。

2.1 马克思主义基本原理是研究生社会主义核心价值观教育的逻辑起点

马克思主义基本原理是研究生社会主义核心价值观教育的逻辑起点。马克思主义基本原理包含认识论、实践论和方法论。马克思主义认识论告诉我们,应当怎样认识世界、解释世界、理解世界并形成科学的世界观;马克思主义实践论告诉我们,应当怎样正确投身世界、适应世界、改造世界并形成正确的实践观;马克思主义方法论告诉我们,应当怎样正确地将世界观和实践观运用到具体的事物上,从而形成正确的方法论。

2.1.1 马克思主义认识论提供了科学的世界观

1)马克思主义认识论的科学内涵

马克思主义认识论本质上是唯物主义认识论,它批判唯心主义的主观性和唯心主义将认识建立在人的感觉和心灵基础之上的观点。①但是,马克思主义认识论的唯物主义不同于

① 陈万柏,张耀灿.思想政治教育学原理[M].北京:高等教育出版社,2007:26.

旧唯物主义,旧唯物主义区分主观和客观,将主体和客体完全对立起来,这种做法显然是不科学的,马克思主义认识论是在克服了旧唯物主义机械性的基础上发展起来的科学认识论。马克思主义认识论深刻揭露了在认识过程中,人是认识的主体,但同时人具有社会性、能动性和实践性,认识主体都是在一定社会历史条件下开展认识活动的,而认识客体是认识主体通过理论认知和社会实践活动相结合后所认识的对象。马克思主义认识论指出认识过程不是一蹴而就的,也不是机械单向的,而是一个发现矛盾、解决矛盾、辩证发展的过程。

马克思主义认识论最根本的原理之一是社会存在与社会意识的辩证关系,它科学地回答了社会历史观的基本问题,揭示了唯物史观的实质。马克思主义认识论认为:社会存在是第一性的,社会意识是第二性的;不是人们的意识决定人们的存在,相反,是人们的社会存在决定人们的意识。①一切以往的社会意识,都是当时社会经济状况的产物。社会存在主要是指人们物质生活的生产方式,生产方式制约着整个社会生活、政治生活和精神生活。物质生活生产方式的发展变化是社会发展变化的根本原因。法律的、政治的、宗教的、艺术的或哲学的,简言之意识形态的形式,在社会变革中起着很大的作用,但它们不是社会变革的决定性因素,真正对社会变革起决定性作用的是社会的生产方式。意识、思想、观念从产生时起就是直接与人们的物质生活、物质交往以及现实生活交织在一起的。

2)马克思主义认识论对研究生社会主义核心价值观课程实施路径研究的启示

(1)*启示一:研究生社会主义核心价值观教育必须坚持理论和实践相结合*

马克思主义认识论为研究生社会主义核心价值观教育提供了正确的指导思想和科学的方法体系。按照马克思主义认识论,认识客体是认识主体通过理论认知和社会实践活动相结合后所认识的对象。开展研究生社会主义核心价值观教育,认识主体是研究生群体,认识的客体是社会主义核心价值观。研究生作为认识主体,要始终坚持以马克思主义认识论为指导,坚持理论学习与实践学习相结合。一方面在理论学习上加深对社会主义核心价值观的理解;另一方面通过实践促使研究生知行合一。同时,社会主义核心价值观的形成过程是感性认识和理性认识相互融合并且充满矛盾的辩证过程,研究生必须以马克思主义认识论为指导才能正确地分析矛盾和处理矛盾,并且通过社会实践把社会主义核心价值观内化为自身价值观。

(2)*启示二:研究生社会主义核心价值观教育必须关注校园文化建设*

社会主义核心价值观属于意识的范畴。开展社会主义核心价值观教育,按照社会存在决定社会意识的原理,社会存在是一个很核心的要素,我们必须高度重视研究生所处的现实生活环境,以环境为切入点加强教育。研究生对知识的接受过程,不是人的大脑对现实环境的机械反应,而是个体认知结构与现实环境客观刺激之间相互作用和相互影响下不断建构

---

① 教育部社会科学研究与思想政治工作司组. 马克思主义经典著作选读导读[M]. 北京:人民出版社,2001:82.

的过程。这里的现实环境客观刺激,即外部环境直接或间接的影响,它是研究生有效学习的基础和前提。社会主义核心价值观教育需要营造积极有效的利于研究生认知结构优化的外部环境。研究生在校园中成长,阳光普照的校园文化,是开展社会主义核心价值观教育的基础。校园文化犹如“香薰剂”,潜移默化地对研究生进行熏陶和渲染。校园文化包括物质文化、制度文化和精神文化。在社会主义核心价值观教育中,强化校园文化是教育中必不可少的一部分。

2.1.2　马克思主义实践论指明了体验途径

1)马克思主义实践论的科学内涵

实践是马克思主义的基本观点,马克思说:“社会生活本质上是实践的。”马克思主义运用科学的实践观,通过对旧唯物主义在人与环境的关系、社会的本质、宗教的本质、人的本质等重大的历史观问题上不彻底性的分析,深刻地说明:导致旧唯物主义不彻底性,并最终导致唯心史观的根源,就是它不了解社会实践的意义。[①]如果不懂得社会实践的意义,就无法正确理解社会生活的本质和发展规律。包括费尔巴哈在内的旧唯物主义者,就是由于缺乏科学的实践观,离开社会实践去观察和了解社会生活,因此不仅不能科学地说明社会生活的本质,最终反而陷入唯心史观。19世纪70年代到20世纪初,在德国、奥地利和欧洲其他国家流行着一种唯心主义哲学思潮。由于它的其中一位代表是奥地利物理学家和哲学家马赫,故称“马赫主义”,同时因为另一位代表德国哲学家阿芬那留斯著有《纯粹经验批判》一书,故又称其为“经验批判主义”[②]。马赫主义认为纯粹的经验(声、色、味等感觉)是构成世界的基本要素,它既是心理的,又是物理的,因此认为以经验为中心哲学超越了唯物主义和唯心主义的对立,成为最先进的哲学。马赫认为实践作为生活的领域,与科学认识不相干,在实际生活中人们可以相信外部的客观存在,而在理论研究中则不能。他把实践排除在认识论之外。列宁批判了马赫主义的实践观,强调了马克思主义认识论实践观的科学性。唯物主义认识论必然要承认和主张实践标准,并把实践标准作为基础。认识论的唯物主义与认识论的实践观点是一致的。如果抛开实践而仅限于理论思辨来解决主客观问题,就必然走向唯心主义。而把实践的观点和实践的标准引入认识论,用它来沟通主观和客观,解决判断认识是否是真理的问题,就必然走向唯物主义。马克思说过:“实践是认识的来源,实践是认识的动力,实践是检验真理的唯一标准。认识活动和实践活动是主体和客体相互作用的两个侧面,是对立统一的关系,在认识和实践的相互关系中,实践是认识的基础,对认识起决定作用。”[③]

---

① 教育部社会科学研究与思想政治工作司组.马克思主义经典著作选读导读[M].北京:人民出版社,2001:96.

② 教育部社会科学研究与思想政治工作司组.马克思主义经典著作选读导读[M].北京:人民出版社,2001:134.

③ 教育部社会科学研究与思想政治工作司组.马克思主义经典著作选读导读[M].北京:人民出版社,2001:49.

2)马克思主义实践论对研究生社会主义核心价值观教育的启示

马克思主义实践论为研究生社会主义核心价值观教育提供了体验路径。社会主义核心价值观的学习与专业性学科知识的学习不同,专业性学科知识的学习关注学科的知识和技能,研究生对知识的学习和积累是智力方面和认知层面的,主要发生在符号化的表层结构,研究生更多的是学会了知识体系中的相关概念以及命题之间的关系,很少对研究生的价值理念产生作用。然而,社会主义核心价值观的学习,需要将社会主义核心价值观的知识体系与研究生所在的生活世界相贯通,更多地发挥研究生的主观能动性,通过实践体验,到达该知识体系最深层的意义世界。因此,社会主义核心价值观教育一定要设置实践体验环节,让研究生在实践中体验、选择、形成和巩固。从实践到认识再到实践,如此循环往复又使每一循环的内容逐级递进到高一级的程度。这在某种意义上遵循了从德知到德行再到德性的价值观生成规律。如果关于社会主义核心价值观的学习仅停留在知识表层结构(如符号表面),可以预见的是它几乎不会对研究生的德性养成产生深远的影响。社会主义核心价值观的学习更强调解决观念层面或认识层面的问题,这就使实践课程变得更加重要。基于此,实践是研究生社会主义核心价值观教育中必不可少的一个环节。

2.1.3 马克思主义方法论确立了根本方法

1)马克思主义方法论的科学内涵

马克思主义方法论中唯物辩证法是基本的逻辑思维方法,包括两大总特征、三大基本规律。两大总特征包含联系的观点与发展的观点。三大基本规律指的是对立统一规律、质量互变规律和否定之否定规律。

恩格斯指出:“当我们对自然界、人类社会或我们自己的精神世界进行深思熟虑地考察时,呈现在我们眼前的是一幅由相互联系和相互作用串联交织起来的画面。”[①]所有事物都是以直接或间接的方式相互联系起来的,这是普遍而客观的事实,世界上没有孤立存在的事物,这是一切事物的客观本性。除了要认识到事物具有普遍联系的本质特点,我们还需要认识到事物都处于运动状态,因此都具有发展的特点。考虑客观事物普遍联系和科学发展的重要表现就在于它的系统性。客观事物相互作用是以系统的形式存在的,系统具有整体性、层次性、开放性等特点。教育者需要从事物具有普遍联系的角度来开展教育,也需要从推动事物科学发展的角度来完善教育。

对立统一规律揭示了事物联系的根本内容和发展的源泉与动力,对立统一规律提供了人们认识世界的根本方法——矛盾分析法。对立统一规律认为,事物才是自我运动、自我发

---

① 教育部社会科学研究与思想政治工作司组. 马克思主义经典著作选读导读[M]. 北京:人民出版社,2001:67.

展的，正因为这样，内因是决定事物发展的根本原因。把这一原则贯彻到方法论上，就是要坚持内因分析法。内因分析法则告诉我们：事物发展的根本源泉是内因，事物发展的根本动力也是内因，虽然事物发展的原因多种多样，但是一定要认清内因的根本作用。当然，在认识到内因的根本作用的同时，也不能忽视外因的作用，而应当充分发掘外因，把外因转化为促进事物发展的良好环境和辅助力量，坚决抵制忽视外因作用的错误思想。质量互变规律论证了量变和质变的相互关系，前者是后者的必要准备，后者是前者的必然结果。事物发展的方向和道路则早已被否定之否定规律揭示了。辩证唯物主义指出：事物的辩证发展要经过两次否定，出现三个阶段，即“肯定——否定——否定之否定”。[①]这种过程，从内容上看是一种自己发展自己、自己完善自己的过程；从形式上看是旋转上升或曲线前进，总体的方向是前进上升的，实际的道路是迂回曲折的，是前进性和曲折性的辩证统一。

马克思主义方法论很强调理论对于实践的指导作用。马克思说：“没有革命的理论，就不会有革命的运动。”按照唯物主义认识论的基本原理，革命的理论产生于革命的实践，没有革命的实践（运动），也就没有革命的理论。辩证唯物主义也坚持认为：革命的理论一经形成，就不是消极的、被动的、无所作为的，而是对革命的实践具有指导意义的。这虽然属于理论对于实践的反作用，但这个作用，即理论所带来的结果，带有根本性。因为只有理论是正确的，行动才是正确的；理论上如果是错误的，行动必然也是错误的。在错误理论的指导下，不可能产生正确的行动或运动。理论教育法以马克思主义灌输理论为依据。

2）马克思主义方法论对研究生社会主义核心价值观教育的启示

（1）研究生社会主义核心价值观教育要注重系统性

马克思主义方法论的两大总特征即联系的观点与发展的观点对社会主义核心价值观教育的启示就是：研究生社会主义核心价值观教育要注重系统性。世界上的万事万物无不是以系统的形式存在着、发展着。研究生社会主义核心价值观教育也是一个系统。它不是先在的，而是生成的；它不是封闭的，而是开放的；它不是固定的，而是发展的；它不是平面的，而是立体的；它不是静态的，而是动态的。[②]研究生社会主义核心价值观内容与外部的社会系统和条件之间存在着联系；研究生社会主义核心价值观教育内部诸要素之间存在着联系；研究生社会主义核心价值观教育实施过程中各具体因素及其各因素间存在着联系。系统整体性是注重全局的通盘考虑，强调多元主体的协同合作，通过整合系统资源，提高科学技术手段，加强环境保障等联合、协调、协同的方式，实现系统的最优化发展，因此，研究生社会主义核心价值观教育要充分考虑系统的整体性、层次性、开放性，从系统总体出发，在系统与要素、要素与要素、系统与环境的相互作用中解释与处理研究对象的特质和规律。

---

① 教育部社会科学研究与思想政治工作司组.马克思主义经典著作选读导读[M].北京：人民出版社，2001：78.

② 李蕊.弘扬社会主义核心价值观需厘清的基本理论问题[J].社会主义研究，2016(3)：50-55.

(2)研究生社会主义核心价值观教育要借鉴三大基本规律

研究生社会主义核心价值观教育要借鉴三大基本规律。矛盾分析法是认识和改造世界的根本方法。按照矛盾分析法,内因是事物发展的根本源泉和动力。因此,研究生社会主义核心价值观教育要充分考虑情感的因素,设置情境教学,让受教育者对社会主义核心价值观产生情感共鸣,因为,情感是内在的东西。按照质量互变规律,研究生价值观的转变必然要经历量变向质变转变的过程,也就是说,研究生必须通过不断的理论学习和社会实践,在理论和实践的交融渗透下,不断积累。要有量的积累,才能有质的飞跃。而有了质的飞跃之后,又要有新的量的积累,逐步由理论自在走向行动自觉。因此,研究生社会主义核心价值观教育要设置多种教育形式、多个教育模块,以此促进研究生价值观从量变到质变。按照否定之否定规律,事物发展是前进性和曲折性的统一,事物的发展过程不是一蹴而就的。因此,在研究生社会主义核心价值观教育实践过程中,我们必须认识到:困难和曲折是常态,一蹴而就和一帆风顺是罕有。要保持对事物发展过程中各种可能性的洞察力,不断开辟前进的道路。

(3)研究生社会主义核心价值观教育要注重理论教育

众所周知,理论教育的重要性是不言而喻的。对于研究生而言,社会主义核心价值观,不可能不学而知,不教而会,必须通过各种形式的灌输,才能在他们的头脑中扎下根来。无论何时何地,研究生的实践活动总是在一定程度上受到思想、理论的支配。正确的理论能够指导研究生以正确的方式认识世界、改造世界;错误的理论则支配研究生以错误的方式参加社会活动。因此,研究生社会主义核心价值观教育必须重视对研究生的理论教育,也就是说,要高度重视思想政治理论课的作用,充分发挥思想政治理论课的主渠道作用。

2.2 协同理论为研究生社会主义核心价值观教育提供理论借鉴

党的十九大对我国发展的历史方位作出了新的判断,指出中国特色社会主义进入了新时代。这一重大判断对研究生思想理论教育和价值引领提出了新的更高要求。社会经济发展全球化等因素使当代研究生接受各方面教育呈现出多元化特征,教育资源的丰富使新时代研究生个性更加鲜明,思想更具差异化。因此,在此背景下对研究生进行社会主义核心价值观教育需要运用更加新颖的教育模式,构建科学合理的教育模式可确保教学目标得到全面实现,通过多种元素的教育功能有机组合在一起,通过协同理论为研究生社会主义核心价值观教育提供思想借鉴。研究生思想政治教育是一个有机整体,在教育实施过程中,建立研究生社会主义核心价值观教育协同机制，各要素之间在内部体系中有机联系、互为支撑、协同发展，实行合力育人模式，形成教育合力，共同服务于思想政治教育工作的总体目标，全方位提升研究生社会主义核心价值观教育教学效果，培养德智体美劳全面发展的社会主义建设者和接班人。

2.2.1　协同理论的科学内涵

"协同"这一概念最早主要运用于系统论领域，意思是"协同作用"，协同理论强调系统各部分之间的协同进化及综合方法的应用。协同是一种关系性思维，注重从整体上把握各子系统的协作运行。具体指在同一系统内各子系统或要素拥有共同工作目标和愿景，有目的、有组织、有调节的、相互耦合的作用关系，并且能够围绕系统总体目标进行协作配合，由此形成合力，展现出协同效应，系统整体呈现良性循环态势，各子系统或要素达到共同发展，而系统整体也得到提高和优化，即达到 1+1>2 的效果，整个过程不仅重视对系统的宏观把握，也重视对系统的微观分析及其内在的协同机制。[①]在西方，"协同"一词最早出现在希腊语中，意指事物各要素之间的相互配合度及协调一致性。在我国，"协同"一词最早出现在《汉书·律历志》中，"考之于经传，咸得其实，靡不协同"。马克思主义经典作家也对协同理论有过类似的描述，马克思、恩格斯十分注重系统的整体性与系统中诸元素的统一性，强调构成系统的每种元素，都具有系统的整体特质与元素自身的个体特质，马克思在对社会资料的生产进行论述时，曾指出："受分工制约的不同个人的共同活动产生了一种社会力量，即成倍增长的生产力量。"并且在《资本论》中对此解释道："通过协作提高了个人生产力，而且是创造了一种生产力，这种生产力本身必然是集体力。"马克思指出："每一个社会中的生产关系都形成一个统一的整体。"在这一整体内部，社会要素之间是相互作用和相互联系的。也就是说，分工合作所产生的合力最终转化为集体力量。恩格斯在"合力论"中运用历史辩证法揭示了在一定社会历史条件下上层建筑各因素在经济基础上有机结合、相互作用，互为原因和结果，形成的合力，实现了历史进程的推进，他认为："每个意志都对合力有所贡献，因而是包括在这个合力里面的。"同样，恩格斯也指出："我们面对着的整个自然界形成一个体系，即各种物体互相的总体，而我们这里所说的物体是指所有的物质存在，从星球到原子，甚至直到以太粒子。"这就指出了自然界也是一个完整的系统，并且具有复杂的层次结构，世界上的各种事物都处于这个相互联系和相互作用的系统之中。马克思、恩格斯还在此基础之上，进行了更加深入的研究和论述，把这种认识延伸到了社会历史观中，他们认为人类社会历史也是一个完整的系统，并且是不断地在矛盾中运动和发展的整体，马克思指出，社会不是由个人组成，而是这些个人彼此发生的那些联系和关系的总和。因此，必须把社会形态看成是多层次社会关系的有机统一整体，必须对人与人之间的政治、经济、思想等多方面的社会关

---

① 罗双燕. 高校社会主义核心价值观教育协同性研究[J]. 学校党建与思想教育，2015(5)：41-42.

系作全面综合性的考察,才能从整体上把握社会的性质和全貌。

2.2.2 协同理论对研究生社会主义核心价值观教育的启示

协同理论为研究生社会主义核心价值观教育提供思想借鉴,就是告诉我们在进行研究生社会主义核心价值观教育时,教育系统内各子系统属于相辅相成的关系,一个子系统的发展能够促进其他子系统的发展,通过子系统间的相互作用,就容易实现最大化的教育效果,将教育的各要素进行统筹整合,促成各部分要素、各部分力量的相互促进、有机互动、融合创新、协同发展,形成系统的联动效应和育人合力,使整体的功能和效益最大化,保障研究生社会主义核心价值观教育的成效最大化。研究生社会主义核心价值观教育是一个系统工程,不是某个人或某几个人就能胜任的,仅仅将研究生社会主义核心价值观教育视为书本上的呆板知识或者课后的说教活动,视为是"两课"教师或辅导员或校党团干部的工作,那么,研究生社会主义核心价值观教育的时效性是注定不能发挥出来的。协同理论的运用有助于使研究生社会主义核心价值观教育过程中各部分协调合作、减少内耗、充分发挥各自的效用,有助于研究生社会主义核心价值观教育有序、持久、高效地进行。把协同理论的核心理念和基本价值与研究生思想政治教育的发展紧密结合起来,始终以研究生群体的思想实际为出发点,遵循思想政治工作规律,遵循教书育人规律,遵循研究生个性发展规律,构建主体协同、多元互动的有效机制,实现全员、全过程、全方位育人,使立德树人的根本任务落到实处,督管工作落实到位,扎实推进研究生社会主义核心价值观教育,铸就社会主义建设的坚实思想基础。

1)启示一:研究生社会主义核心价值观教育的实施要注重整体与部分相联系

协同理论的核心观点对研究生社会主义核心价值观教育实施的启示是:要注重整体与部分相联系。整体的含义从空间的角度看,是指事物内在的有机统一体;从时间角度看,是指事物发展的全过程。部分的含义从空间的角度看,是指有机统一体的各个方面;从时间角度看,是指事物发展全过程中的某一阶段。我们在进行研究生社会主义核心价值观教育时,不能将二者割裂开来,相反,要将二者统一起来,缺一不可。一方面,世界上的一切事物都是以系统的形式存在和发展的,研究生社会主义核心价值观教育也是一个完整的系统,是一个鲜活的有机统一的整体,是一个全方位、多角度的完整的教育体系,涉及全社会、学校和家庭等宏观和微观因素,它们相互作用、相互影响。教育工作要在坚持合作育人、协同育人的理念下,从宏观角度去思考问题,注意整体性、层次性,把握研究生社会主义核心价值观的整体发展,制订合适的总体目标,完善教育机制,结合马克思主义协同思想和恩格斯的合力论,发挥研究生社会主义核心价值观教育系统整体的优势,达到教育目标,研究生个体价值观越统一,"合力"的方向就越和个体价值观相协调,研究生社会主义核心价值观教育就越有可能实现大多数人的预期目的。另一方面,研究生社会主义核心价值观教育,是高校各部门、全体教职员工的共同使命与责任,不仅需要保持系统的整体性,还需加强各个子系统之间的联系。实施研究生社会主义核心价值观教育也要综合考虑各方面的因素，要在大力实施学校各教育部门的整合的同时，又保持该部门的独立性，让部门中的每个人员都有其专属职责，发挥对研究生社会主义核心价值观教育创新的强大动力与助力，要确保各子系统相互之间始终保持默契与协调，使系统中的各个主体能够有效协作，实现协调一致、优势互补、聚合放大和功能倍增，将系统的整体功能最大限度发挥出来。总而言之，协同理论的应用为我国研究生社会主义核心价值观教育工作的进一步发展提供了重要的启示，任何整体都是由部分组成的，部分的变化会影响整体的变化，甚至在一定条件下，关键部分还会对全局产生决定性影响。整体和部分的地位在一定条件下是可以转化的，所以要搞好局部，使整体功能大于部分功能之和。搞好局部的目的就是使整体功能最大限度的发挥。高校要将自身的教育效能最大限度发挥出来，实现思政教师、辅导员、导师等之间的有效协作，注重各个教学部门与系统整体的协调发展，促进我国研究生社会主义核心价值观教育整体水平的提高，产生大于部分功能之和的整体教育效能，以协同理论为研究生社会主义核心价值观教育助力。

2）启示二：研究生社会主义核心价值观教育的实施要注重理论与实践相统一

理论与实践相结合是马克思主义最基本的原则之一，也是研究生社会主义核心价值观教育实施的重要环节。协同理论对研究生社会主义核心价值观教育实施的启示是：在对研究生社会主义核心价值观教育的实施过程中要注重理论与实践相统一，坚持理论与实践相结合的原则能够有效地促进研究生社会主义核心价值观教育。众所周知，社会主义核心价值观是社会主义意识形态的基本标志，既是马克思主义理论的产物，又是社会主义实践的结晶，对研究生进行社会主义核心价值观教育，首要的就是使研究生准确清晰地理解社会主义核心价值观的科学内涵。社会主义核心价值观及其内涵，不可能在研究生脑海中凭空产生，需要研究生进行专业的学习，社会主义核心价值观的主要内容和科学意蕴才能在其脑海中扎根。然而，只学习理论是远远不够的，还需要实践作支撑，根据马克思主义的基本观点，实践是检验真理的唯一标准，实践既是理论知识的来源又是学习理论知识的目的，研究生要在日常生活中积极践行社会主义核心价值观，若没有实践，空有再多的理论知识也只是纸上谈兵，习近平总书记曾指出："要坚持理论性和实践性相统一，用科学理论培养人，重视思政课的实践性，把思政小课堂同社会大课堂结合起来，教育引导研究生立鸿鹄志，做奋斗者。"社会主义核心价值观教育不仅在于实现从"不知"到"知"的跨越，更在于实现从"知"到"信"（信服、信念、信仰）的提升，但实践不能是盲目的。因此，要认真领会协同理论的科学内涵，准确把握协同理论的精神实质，将协同理论融入研究生社会主义核心价值观教育中，必须将理论与实践统一，能否协调好二者的关系将对实际教学工作效果产生重大影响，教育者在教学中应当采用理论与实践相结合的教育思想，注重理论知识与生活实践之间的密切联系，引导研究生树立自觉坚持理论与实践相结合的意识，在现实中将理论与实践结合起来，全力培养研究生的社会实践能力，将理论知识用于生活、解决问题、规范行为，发挥理论指导实践的作用。外因在一定条件下会影响事物的发展,但内因才是决定事物转化和发展的关键所在,对研究生进行社会主义核心价值观教育归根结底是要使研究生通过学习将外在理论内化为自身品质,正如习近平总书记所强调的,要"努力把核心价值观的要求变成日常的行为准则,进而形成自觉奉行的信念理念",充分运用协同理论,将理论与实践相统一,利用实践得来的经验去品味理论知识,自觉加强自身思想建设,积极踊跃地参与到社会主义核心价值观教育实践活动中,进一步理解社会主义核心价值观的科学内涵,融会贯通,在理论学习中推动实践,在积极实践中创新理论,使协同理论在研究生社会主义核心价值观教育的实施中切实发挥作用,提升研究生社会主义核心价值观教育的时效性。

3)启示三:研究生社会主义核心价值观教育的实施要注重教风和学风相结合

教风和学风建设相辅相成,互相影响、相互促进,良好的教风能够引导端正的学风的形成,端正的学风也能促进良好的教风的完善。协同理论对研究生社会主义核心价值观教育实施的启示是:进行研究生社会主义核心价值观教育要注重教风和学风相结合。教风,主要是指学校、教育机构或某一教育者在教学精神、教学态度和教学方法等方面形成的长期的、稳定的教育教学风气,是教师在教育教学实践中表现出来的风气和风貌,由教师群体的思想政治素质、精神面貌、职业态度、职业技能、职业认同、职业精神、职业品质等要素构成,是一个教育群体德与才的统一性表现,是该教育群体整体素质的核心,是教师队伍在道德、才学、作风、素养、治教等方面的集中反映。从某种意义上讲,好的教风也是一个学校崇高的精神旗帜,它对学生可以起到熏陶、激励和潜移默化的教育作用,可以提高学校的知名度,也可以提高学校的社会声誉和社会可信度。因此,教风可以说是一个学校生存和持续发展的不竭动力之源。学风即学校的学习风气,从广义上讲就是学校师生员工在治学精神、治学态度和治学方法等方面的风格,也是学校全体师生知、情、意、行在学习问题上的综合表现,学风是伴随在整个教学过程中的精神动力、态度作风等,通过学校全体成员的意志与行动,逐步地显现出来,优良的学风可以起到潜移默化的激励作用,对研究生学习成绩的提高、日常行为习惯的养成等方面都起着重要的作用,对学校的发展和建设也产生深远的影响,是一种不可忽视的力量。学校领导以及教育者必须充分认识到教风、学风建设的重要意义,教风与学风虽各有侧重,但在教学过程中却是不可分割、相互依存的。从本质上讲,作为高等教育教学双方的风气风貌,教风培育学风,学风折射教风,好的教风能带出好的学风,好的学风又能促进好的教风,潜移默化,相映生辉,既可展示教师风范,又可反映学生成长环境,此二者作为高校校风的核心构成,不仅缺一不可,而且两者相辅相成,彼此互相影响、共同作用于高等教育的方方面面。加强教师教风建设,首先,要加强教师的道德修养,高校教师对研究生进行社会主义核心价值观教育,对研究生传授社会主义核心价值观相关知识,提高研究生的思想道德觉悟,教师自身的素质对教学最终成果的影响是巨大的。其次,要强化教师的职业水平,打造精品思政课教师队伍。"使命呼唤担当,使命引领未来。"思政人要有思政人的情怀、更要有思政人的担当。"我们要不负人民重托、无愧历史选择。"加强思政课教师队伍建设,高校应培养一支“上课好、科研强”的教学科研型教师团队。教师要苦练自身“内功”，不断提升自身的专业素养；牢记使命责任，上好每一节课，站好每一班岗，守好“责任田”，应摒弃传统的照本宣科的教授方法，在注重提升自身的教学质量和科研水平的同时，也要注重培养研究生对学习的兴趣与主动性，因材施教、“授之以渔”以及培养研究生的创新意识等。加强学风建设，不仅关系到研究生，而且是全校师生共同的职责，在进行研究生社会主义核心价值观教育的实施过程中，要加强研究生学风建设，激发研究生学习的主动性，引导研究生树立正确的人生观、世界观和价值观，研究生作为学风建设的主体，高校需要引导他们树立目标，摒弃不良习惯，在思想方面下功夫，开展形式多样的宣传活动，做到时时宣传、处处引导，为学风建设助力。高校务必使全体教职工认识到学风建设是一项系统工程，学校各部门都应当结合自身工作，不断完善学风建设的体制机制，自觉承担起学风建设的责任，职能部门按照规定对各单位的学风建设工作进行检查和监督，建立健全研究生管理制度是优良学风建设的保障，构建学校、家庭、社会“三位一体”的教育体系，充分整合学校、社会和家庭三方面的教育资源，凝聚教育力量，重点在于实现多元开放合作互动，取长补短、优势互补，形成强而有力的教育合力，通过构建涵盖范围广泛的思想政治教育大生态圈系统，深入研究生的日常生活，从家庭生活、学校学习到社会工作，充分发挥资源合作互补的协同效应，形成学风建设合力，提升研究生社会主义核心价值观教育工作的深度、广度和温度，为高校研究生思想觉悟的提高、人生境界的升华和自身价值的实现提供良好条件。

4）启示四：研究生社会主义核心价值观教育的实施要注重网络与现实相联动

在新时代的背景下，我们正处于一个以全球化、信息化为特征的技术时代，人类赖以生存的环境方方面面都离不开现代科学技术。面对日新月异、蓬勃发展的网络平台，不断加强和改进学生网络思想政治教育，成为当前学校思想政治教育的重要课题，优质的网络教育资源成了教育中重要的辅助工具。协同理论对研究生社会主义核心价值观教育实施的启示是：研究生社会主义核心价值观教育要注重网络教育与现实教育相联动，实现网络教育与现实教育联动育人。一方面，要注重利用网络资源对研究生进行社会主义核心价值观教育，网络文化的出现已经对社会生活的各个方面产生了重大影响。而且随着互联网的日益普及，这种影响范围势必更加广泛、程度势必更加深刻，研究生社会主义核心价值观教育工作必须深刻把握网络文化的科学意蕴和最新特点，积极主动地挺进网络文化阵地，积极利用网络时代下新媒体、新技术去开拓研究生社会主义核心价值观教育的新领域，强化教育阵地建设。研究生社会主义核心价值观网络教育以学校的微信公众号、微课、官方微博等媒体平台，以及网络短视频等信息资源为主，利用网络媒体平台，有利于研究生及时了解和更新信息，随时随地进行社会主义核心价值观学习。另外，教师要积极鼓励研究生在高校所创建的微信公众号、微课、官方微博等媒体平台上发表自己对社会主义核心价值观内容的见解，同时通过建立学生群等形式，积极与研究生进行交流和沟通，及时了解研究生的思想动态，为研究生释疑解惑，帮助研究生解决学习和生活中出现的问题，根据研究生的思想状况及时调整和构建科学的教育方案，从而帮助研究生正确认识和判断事物，并树立正确的核心价值观。另一方面，也要注重在现实中对研究生进行社会主义核心价值观教育，互联网及多媒体以其超强的技术功力，把现实生活中的大量实际情境在网络上真实再现，使实践教学在线上进行成为可能，并且非常便捷，网络教育虽然有诸多优势，却并不能完全代替现实生活实践，实践活动最终还是要回归到现实生活中，因为人产生并发展于社会，如果缺少真实社会环境中的生存社交历练，人就不可能具有人类发展进化中形成的人应该具备的属性和特征。在现实生活中对研究生进行社会主义核心价值观教育以课堂讲授和导师传授为主，由思想政治专业课教师和其他专业课教师重点实施课堂教育，对研究生进行社会主义核心价值观理论教育，举行社会主义核心价值观教育实践活动，充分利用校园文化的感染熏陶作用，通过组织一系列的校内活动，对学生进行潜移默化的教育和培养，以重大节日、纪念日、庆祝活动等为契机与团委、学工部等部门合作组织知识竞赛、征文活动、法治宣传、环保教育、爱国教育等活动；组织读书会，开展马克思主义理论日日谈活动等，这些活动有助于研究生深入社会、了解社会、服务社会，锻炼研究生吃苦耐劳的意志，将理论与实践结合起来，培养研究生的社交能力、团队合作意识、服务意识和社会责任感，保证研究生的社会主义核心价值观学习质量。因此，研究生社会主义核心价值观教育的实践教学要坚持线上线下相结合、网络教育与现实教育联动发力的原则，并把握好两者的相对平衡，利用数字信息网络技术，依托网络教学平台，把传统的课堂教学可视空间延展到网络的虚拟空间，把网络空间中丰富的资源、现代化的教学组织手段、先进的学习工具与现实的课堂教学有效结合，优势互补，整合各种灵活的教学方式，调动研究生的学习积极性，增加研究生自主学习的内驱力，使研究生能够对社会主义核心价值观理论知识进行清晰、精准和深刻的把握，并积极主动在日常生活中践行，高校教师要充分尊重研究生的主体性地位，以问题为导向，以互联网和实体课堂为媒介，采用新颖的教学手段，内化当代研究生的责任感和使命感，使研究生社会主义核心价值观教育的时效性得到充分发挥。

2.3 中华优秀传统文化是研究生社会主义核心价值观教育的思想基础

社会主义核心价值观所蕴含的价值内涵和实践要求，发端于中华优秀传统文化，形成于中国特色社会主义伟大实践。习近平总书记曾指出：“中国优秀传统文化的丰富哲学思想、人文精神、教化思想、道德理念等，可以为人们认识和改造世界提供有益启迪”“培育和弘扬社会主义核心价值观必须立足中华优秀传统文化”“从中汲取丰富营养，否则就不会有生命力和影响力”“要强化教育引导、实践养成、制度保障，发挥社会主义核心价值观对国民教育、精神文明创建、精神文化产品创作及生产传播的引领作用”。这些重要论述，深刻表明了要在中华优秀传统文化的引领下大力弘扬社会主义核心价值观的重要性。党的十九大以来，习近平总书记在多个场合反复强调：社会主义核心价值观是中华优秀传统文化的继承和升华，研究生要自觉践行社会主义核心价值观，在“勤学”“修德”“明辨”“笃实”四个方面下功夫。习近平总书记的讲话具有非常重要的现实意义和深远的历史意义，凝聚了全国上下、全民族的精气神，是国家、民族战胜一切困难，共筑中国梦的思想源泉。中华优秀传统文化意蕴丰富，有国泰民安的国家观、自由平等的社会观和厚德载物的人生观，增强研究生对社会主义核心价值观的认同，要充分发挥中华优秀传统文化的育人功能，习近平强调“一个民族、一个国家的核心价值观必须同这个民族、这个国家的历史文化相契合”，这就告诉我们，研究生社会主义核心价值观教育必须深深根植于中华优秀传统文化土壤，才能获得丰富的发展养分，创造强大的生命力，形成广泛的影响力。高校是培育和践行社会主义核心价值观的主阵地，在育人过程中，高校要深刻把握社会主义核心价值观与中华优秀传统文化的关系，坚持价值育人与文化育人相统一、价值灌输与文化浸润相统一，增强研究生文化自信，夯实文化根基，坚定民族信仰。①

2.3.1　社会主义核心价值观是对中华优秀传统文化的继承和升华

社会主义核心价值观既传承了中华优秀传统文化，寄托了近代以来中国人民的理想和信念，又吸收了世界文明的有益成果，体现了社会主义的本质要求，作为国家思想之源、民族之根的中华优秀传统文化是社会主义核心价值观的思想根基，培育与弘扬社会主义核心价值观要与中华优秀传统文化相融通。习近平总书记审时度势，在马克思主义理论的指导下，吸收中华民族传统文化的精华，从国家、社会、公民三个层面形成了以“德”为鲜明特色的社会主义核心价值观，它是中华优秀传统文化的现代心声。习近平总书记指出：“要认真汲取中华优秀传统文化的思想精华和道德精髓，大力弘扬以爱国主义为核心的民族精神和以改革创新为核心的时代精神，深入挖掘和阐发中华优秀传统文化讲仁爱、重民本、守诚信、崇正义、尚和合、求大同的时代价值，使中华优秀传统文化成为涵养社会主义核心价值观的重要源泉。”社会主义核心价值观植根于中华优秀传统文化，社会主义核心价值观与中华优秀传统文化是“流”与“源”的关系，“源”远才能“流”长。中华优秀传统文化是经过了实践检验、时间检验和社会择优继承检验而保留下来的，是一个民族、一个国家继承与发展的源泉和根本，是一个丰富的有机整体，是中华民族的气象所在，是社会主义核心价值观的深厚土壤，如果摒弃，社会主义核心价值观就会成为无源之水、无本之木。正如习近平总书记所指出的：“培育和弘扬社会主义核心价值观必须立足中华优秀传统文化。牢固的核心价值观，都有其固有的根本。抛弃传统、丢掉根本，就等于割断了自己的精神命脉。”

从国家层面看，社会主义核心价值观中所倡导的“富强、民主、文明、和谐”，阐述了国家

---

① 焦连志. 社会主义核心价值观与中华优秀传统文化教育协同机制研究[J]. 中国高等教育，2020(6)：34-36.

发展进步的方向，这与中华优秀传统文化中强调的“是以强者必治，治者必强，富者必治，治者必富，强者必富，富者必强”“民以殷盛，国以富强”“民本”“民惟邦本，本固邦宁”“民之所欲，天必从之”“圣人无常心，以百姓心为心”“经世致用”“天人合一”“天地与我并生，而万物与我为一”“天人同气，万物一体”“山林虽近，草木虽美，宫室必有度，禁伐必有时”“持中贵和”等思想一脉相承，表明国家强盛了，方能更好地促进个人成长。个人发展了，人民的利益得以实现，国家才能兴旺发达，归根到底，强调的是人民的重要性，体现的是中华优秀传统文化中的民本思想。从社会层面看，社会主义核心价值观中所倡导的“自由、平等、公正、法治”的论述是中华优秀传统文化中所崇尚的“世界大同”“天下为公”“己所不欲，勿施于人”“大道之行也，天下为公”“仓廪虚而民无积，农夫以粥子者，上无术以均之”“不患寡而患不均”“刑过不避大臣，赏善不遗匹夫”“治国不务德而务法”“修法治，广政教”“法与时转则治”“民之轨，莫如法”“以和为贵”“天时不如地利，地利不如人和”“福祸相依”理念的充分体现与升华，都说明了要宽厚处世、与人为善，共同营造一个和谐的相处环境，体现了中华优秀传统文化中道家思想强调道法自然，追求万物自由平等的思想；从公民层面看，社会主义核心价值观中所倡导的“爱国、敬业、诚信、友善”的理念源自中华优秀传统文化中的“位卑未敢忘忧国”“天下兴亡，匹夫有责”“国而忘家，公而忘私”“捐躯赴国难，视死忽如归”“忠于职守”“一身报国有万死，双鬓向人无再青”“鞠躬尽瘁，死而后已”“苟利国家生死以，岂因祸福避趋之”“敬业乐群”“敬业，功崇惟志，业广惟勤”“安其居，乐其业”“志不强者智不达，言不信者行不果”“以信接人，天下信之；不以信接人，妻子疑之”“以实待人，非唯益人，益己尤大”“君子莫大乎与人为善”“君子义以为质”“取诸人以为善，是与人为善者也”“君子喻于义，小人喻于利”“君子坦荡荡，小人长戚戚”“言必行，行必果”“己所不欲，勿施于人”等思想观念。

2.3.2 中华优秀传统文化蕴含的教育思想是社会主义核心价值观教育的重要基石

在我国历史演进的长河中，中华优秀传统文化随时代变迁而不断发展完善，并且从未中断，其中诸多思想依然璀璨，为新时代所用。“熏陶化育”“笃行隆礼”“知行合一”等教育思想非常著名，对道德教化产生了深远的影响。这些教育思想是研究生社会主义核心价值观教育课程实施路径构建的重要基石。“熏陶化育”带给我们的启示是：要重视环境的营造，开发隐性教育，即注重校园文化建设，研究生的许多人生体悟、经验都是在校园中获得的，校园是研究生学习成长的重要文化环境，肩负着育人化人的重要使命。“笃行隆礼”带给我们的启示是：要重视实践教育。于实处用力，从“知行合一”上下功夫，社会主义核心价值观才能内化为精神追求，外化为人们的自觉行动。知者行之始，行者知之成。“知行合一”带给我们的启示是：对研究生进行社会主义核心价值观教育，要把理论教育和实践教育有机结合起来。

关于“熏陶化育”，我国古代就十分重视教育环境的能动影响，认为优越的教育环境对受教育者的熏陶教化起促进作用。孔子认为人天生的秉性无异，而后天客观环境差异使得人习性大相径庭，所谓“性相近，习相远”，即人的本质是不变的，都归结于善，因为环境、境遇、习惯、习俗不同，每个人相应地会受到外在环境的熏陶，虽然环境的改变可以外在地关联到自身的发展，但是其本质内在并没有改变，那么我们育之化之的目的就是涤除外在干扰，并使其回归本性。“孟母三迁”是一个教育典范，更是被世人传为佳话。荀子的“蓬生麻中，不扶而直；白沙在涅，与之俱黑”同晋代“近朱者赤，近墨者黑”有着异曲同工之妙。同时，外在环境的改变也会使人往好的方面转变，因为外在习惯的养成可以“外化于行，内化于心”：“三人行，必有我师焉，择其善者而从之，其不善者而改之。”墨子也重视环境的力量，他说：“染于苍则苍，染于黄则黄，所入者变，其色亦变”与孔子“与善人居，如入芝兰之室，久而不闻其香，即与之化矣”所见略同。

关于“笃行隆礼”，我国思想家历来重视德治教化中的践行。“笃行”出自《中庸》“博学之，审问之，慎思之，明辨之，笃行之”。孔子提倡“慎言力行”；荀子说：“不登高山，不知天之高也；不临深壑，不知地之厚也”。他们都十分注重学以致用。“博学”为基础，“三思”为桥梁，“笃行”为目的，孔子不但主张“笃行之”，同时强调“隆礼”，要重视“礼”在德治中的作用。“隆礼”，即尊崇礼法。《礼记・经解》：“是故隆礼由礼，谓之有方之士；不隆礼，不由礼，谓之无方之民，敬让之道也。”荀子在《荀子・议兵》中说：“隆礼贵义者，其国治；简礼贱义者，其国乱。”荀子非常看重“礼”。他认为礼是从区分与调节不同人的利欲关系中产生的结果，主张用“礼”来规范人们的道德生活，强调“君人者，隆礼尊贤而王”，并且他还用“礼者，政之挽也。为政不以礼，政不行矣”来强调“礼”在德治中的重要作用。荀子把“礼”作为规范人们社会行为的准则，他认为“礼”的根本任务是“尚贤使能，等贵贱，分亲疏，序长幼”，集中展现了“隆礼”在治国、治学上的重要地位。

“知行合一”是我国古代思想家一直秉承的教育理念，“知”指认知或良知，“行”指行为、行动，“知行合一”认为认识事物的道理与在现实中运用此道理是密不可分的，主张理论与实践要达到融合才能产生改变世界万物的力量，强调将知识应用到行动上。“知行”是中国传统哲学的重要范畴，其始于《尚书》与《左传》，《尚书》有“非知之艰，行之惟艰”之说，《左传》有“非知之实难，将在行之”之说。明代思想家王守仁认为：“知是行的主意，行是知的工夫；知是行之始，行是知之成。”子曰：“文，莫吾犹人也。躬行君子，则吾未之有得。”这道出了“知易行难”的深刻道理，同时孔子也将“行”纳入了他的教学内容，这说明他对实践的高度重视，强调学以致用，“诵诗三百，授之以政，不达；使于四方，不能专对。虽多，亦奚以为”。这说明要将学到的知识内化于心、外化于行，否则读再多的书也是没有用的，正如“纸上得来终觉浅，绝知此事要躬行”“一语不能践，万卷徒空虚”，行，既是学的目的，又是学的深化，因为，只有在行中才能获得新的道德和道德情绪体验，并通过行的行为训练，养成良好的道德习惯，所以，董仲舒说“强勉行道，则德日起而大有功”，只有在行道中，才能“兴善去恶”和“改过迁善”，并“集善累德”，行，也是检验学的标准，汉代哲学家、教育学家王充认为，教学应该包括以实际效果来检验知识真伪的功夫。“凡论事者，违实不引效验，则虽甘义繁说，众不见信”,必须“引物事以验其言行”。“有效”就是与事实相符合;“有证”就是有确实的证据,这是对所学的知识“定其真伪,辨其虚实”的标准。王国维“初能望文生义,死记硬背,可小成。进能变通运用,能说会道,有一得。终能深入浅出,知行合一,方大就”与王阳明所说的“知之真切笃实处即是行,行之明觉精察处即是知”都有此意。

第3章 研究生社会主义核心价值观教育实然考察

党的十九大报告明确指出:“人民有信仰,国家有力量,民族有希望。要把培育和践行社会主义核心价值观作为凝魂聚气、强基固本的基础工程,广泛开展社会主义核心价值观宣传教育,不断夯实中国特色社会主义的思想道德基础。”①研究生是祖国的未来和民族的希望,是社会主义建设事业的接班人和生力军,促进研究生的健康成长,是关系到党和国家前途命运的大事,是中国特色社会主义事业兴旺发达的关键。准确把握当前研究生社会主义核心价值观教育的现状,认清当前研究生社会主义核心价值观教育的内外环境,总结研究生社会主义核心价值观教育的成功经验,厘清研究生社会主义核心价值观教育存在的问题,对推进研究生社会主义核心价值观教育,促进中国特色社会主义事业发展具有重要的现实意义。

3.1 研究生社会主义核心价值观教育的环境

马克思主义认为,社会意识由社会存在决定,同时社会意识自身又具有相对的独立性。社会主义核心价值观是由社会主义的经济基础决定的,但在社会意识形态发展中具有自身的逻辑起点,并受国际、国内环境的影响。所以要准确把握研究生社会主义核心价值观教育的现状,就必须对其所处的国际及国内环境有充分的了解。

3.1.1 研究生社会主义核心价值观教育的国际环境

随着时代的发展和社会的进步,资本主义有了新发展,社会主义有了新变化,世界表现

① 姜萍萍,常雪梅.习近平:把培育和弘扬社会主义核心价值观作为凝魂聚气强基固本的基础工程[EB/OL].(2014-02-25)[2021-06-06].中国共产党新闻网.

出政治多极化、经济全球化、文化多元化的趋势，整个世界处于大发展、大变革、大调整时期，这些因素伴随着知识经济的发展与信息技术的普及，对研究生社会主义核心价值观教育产生了深远影响。

新时代发展以来，资本主义进入一个新的发展阶段，出现了许多新变化、新特征，着重表现在五个方面：一是科学技术迅猛发展，生产力获得新的发展空间。二是产业结构的调整带来就业结构的调整。三是生产社会化程度提高，企业组织形式发生变化。四是国家从市场经济的“守夜人”转变为经济发展的干预者。五是加速推进经济全球化，为资本的扩张和增殖开辟了新的天地。从国际上看，世界百年未有大变局进入加速演变期，世界政治经济格局的变迁，资本主义的新发展对研究生社会主义核心价值观教育造成了较大的冲击。

从整个世界发展新趋势上看，世界百年未有大变局进入加速演变期，在整个加速演变期，既存在机遇，也存在挑战。这些挑战和机遇对研究生价值观念的发展产生了深刻的影响，对开展研究生社会主义核心价值观教育提出了新的挑战。

当前世界发展进程中，世界发展趋势挑战与机遇并存。挑战方面着重表现为全球新冠病毒疫情大蔓延，成为百年来世界公共卫生疫情危机传播国家和地区最多、影响最广泛的疫病；世界失业率显著上升；气候变化影响着人类的生存。机遇方面着重表现为世界多极化是大势所趋、不可避免，经济格局发生前所未有的大变化，中国成为新兴经济体崛起的领军者；第四次产业革命浪潮高升，新一代信息技术、生物技术、新能源技术、新材料技术等领域取得重大突破；经济全球化仍是不可逆转的历史大势，经济全球化一方面促进了生产力要素在国际范围内的优化组合，为世界各国提供了新的发展机遇；另一方面也加剧了世界经济的不平衡性，对发展中国家形成了巨大的压力和挑战。[①]除此之外，世界经济发展不平衡还会引发世界政治不平衡性，从长久以来的西方主导世界转变为世界多极化、信息互联化、全球交融化、文化多元化。就文化多元化而言，文化多元化把人们置身于多元文化景观中，使人们在相互比较中重新审视本土文化的话语方式、思维模式、审美标准和价值观念，不断吸取异质文化的长处来创新和发展本土文化。[②]但是，西方国家由于在经济、政治、教育和科技等方面占有绝对优势，因此在文化上也处于强势地位，表现为“文化帝国主义”和“文化霸权主义”，对非西方国家处于弱势的本土文化形成了强烈冲击，并由此常常导致“文明的冲突”。

当代世界的发展趋势对研究生社会主义核心价值观教育提出了新的挑战。首先，在新的发展趋势下，西方敌对势力对我国的意识形态斗争从政治层面走向社会层面，并获得了新的表现形式，手段越来越隐蔽，越来越具有欺骗性。西方敌对势力的渗透，必然会使一些意志薄弱者或涉世未深者受到蛊惑，对西方价值观念产生盲目的崇拜，背弃社会主义核心价值体系。其次，在新的发展趋势下，国际范围内资本、信息、技术和知识流动的速度与自由度不

---

① 宋劲松. 全球化背景下思想政治教育社会化探析[J]. 求实，2013(5)：86.

② 陆岩. 社会主义核心价值体系统领中国多元文化发展研究[D]. 哈尔滨：哈尔滨师范大学，2011：74.

断加强，削弱了传统的国家职能，挑战了传统的国家主权地位，弱化了研究生的国家意识和爱国情感，增加了爱国主义教育的难度。再次，在新的发展趋势下，世俗化、大众化的文化配合着传播媒体的改进向全球扩张，其重视商业价值、追求感官享乐、个人主义等价值观念淡化了一些研究生的理性关怀和集体观念。最后，信息技术的发展，使人们逐渐陷入网络化的社会生活中，人的个性表达将越来越迁就于网络化的世界、多面向的资讯和消费选择，使当代研究生社会主义核心价值观教育原有的方式及其效果受到新的考验。

3.1.2 研究生社会主义核心价值观教育的国内环境

研究生价值观念的发展不仅深受国际形势的影响，而且和我国社会发展状况直接相关。我国是社会主义性质的国家，目前已进入现代化建设的新时期。伴随着我国经济转轨、社会转型，出现了种种新的社会问题，必然对研究生的价值观念产生深刻的影响，也对当代研究生社会主义核心价值观教育提出了新要求。

1）当代中国社会基本特点及其影响

当代中国社会最基本的特点是实行社会主义制度。《中华人民共和国宪法》规定："中华人民共和国是工人阶级领导的、以工农联盟为基础的人民民主专政的社会主义国家。社会主义制度是中华人民共和国的根本制度。禁止任何组织和个人破坏社会主义制度。"宪法的这一规定是我们思考中国社会价值问题的必要前提，也是推进研究生社会主义核心价值观教育的制度背景。"这个前提要求我们重视意识形态工作与国际共产主义运动史的联系，与中国革命史的联系，与世界的社会主义思潮的联系，以及与国内外敌对势力的意识形态对立。"事实上，多年来，研究生社会主义核心价值观教育一直与学习国际共产主义运动史、中国革命史、了解世界社会主义思潮以及对抗国内外敌对势力的意识形态攻势联系在一起，今后也必然会继续联系在一起。社会主义的制度性规定，是当代中国最为宝贵的政治资源，也是当代研究生社会主义核心价值观教育最为重要的思想资源。[①]在中国，社会主义理想曾经在我们求得民族解放、促进社会正义、改善人民生活等方面发挥过重要作用；在今后的发展中，无论遇到什么样的艰难险阻，都应当继续遵循宪法对基本社会制度的规定，引导人民树立中国特色社会主义共同理想，坚持走中国特色社会主义道路。这正是当代研究生社会主义核心价值观教育的基本内容之一。

现代性是当代中国社会的典型特征。从价值观研究的角度看，现代社会的最大特点是理性化和世俗化。现代社会意识形态领域的一个现象是，没有任何思想具有与生俱来、一劳永逸地支配人心的优势，一种思想，包括占统治地位的思想，要让人接受，必须提出让人接受的理由，必须让人觉得这种理由是站得住脚的。所以，无论是为增强党的执政合法性，还是

---

① 王学俭，李东坡. 社会主义核心价值观研究述要[J]. 思想政治教育研究，2013，29(4)：20.

为增强党的指导思想的号召力,都需要与时俱进、不断推进党的理论创新。社会主义核心价值观同科学发展观、和谐社会理论一样,都是党的理论创新的最新成果。引导人民群众认同党的这些创新理论是今后思想政治教育与舆论宣传工作的重要内容,当然也是当代研究生社会主义核心价值观教育的重点所在。

换一个角度看,现代性包括技术、制度和文化等不同层面,或者说包括经济、政治、文化和社会等不同领域,而这些层面之间、领域之间的复杂关系,也是当前意识形态工作必须重视的现实背景。历史反复证明,现代化是一个总体推进、局部曲折并且内涵不断丰富因而也远未完成的过程,其中各个层面或领域之间经常出现不同步、不协调的复杂情况。近年来国内出现的“自由”和“平等”如何协调、“公平”和“效率”何者优先等争论,都是这种复杂情况的表现。开展当代研究生社会主义核心价值观教育,不可避免地要经常面对这些争论,而且要向研究生群体做出合理的解释与引导。

2)当代中国社会转型状况及其影响

改革开放以来,我国先后经历了极低收入的温饱阶段(1978 年—1990 年)到低收入的小康水平阶段(1990 年—2000 年),再从下中等收入的小康社会阶段(2000 年—2010 年)到上中等收入的全面小康社会阶段(2010 年—2020 年),即每 10 年迈上一个大台阶。由此可以看出,在整个社会转型过程中,我国社会出现了四个方面的显著变化。首先,经济体制发生了深刻的变革。改革开放以前,我国实行的是计划经济体制,分配方式带有浓厚的平均主义色彩。改革破除了这种不符合生产力发展状况的经济模式,在重新认识了社会主义初级阶段的基本国情后,找到了适合生产力发展的社会主义市场经济体制。与此相适应,所有制形式也转变为以公有制为主体的多种所有制形式,分配方式转变为以按劳分配为主体的多种分配方式。其次,社会结构发生了深刻的变动。一是由“总体性社会”向“分化性社会”过渡,社会经济成分、社会组织形式日益呈现出多样化趋势。二是基层社会组织由“职能型”向“自主型”方向转变,企事业单位自主性逐渐增强,独立化程度提高,不再像以往那样只是国家的“代理人”。三是农村社会由“乡村型”向“城镇型”转变,城市化步伐大大加快。四是社会总体上还呈现从“农业型”向“工业型”转变、从“封闭型”向“开放型”转变、从“产品经济型”向“商品经济型”转变等特征。

我国社会转型中出现的上述显著变化对整个社会的价值观念带来了空前巨大的冲击。当前,我国社会的价值观念总体上呈现出“多元并存,新旧交替”的状态。所谓“多元并存”,是指在共时性上,当今中国不仅有旧的、传统的、保守的价值观念的沿袭,而且有新的、先进的价值观念的生成;所谓“新旧交替”,是指在历时性上,我国社会转型时期的价值观念变革的总体走势和发展方向是除旧布新、推陈出新。转型时期“多元并存,新旧交替”的社会氛围,引发了当代研究生价值观念的诸多转变。首先,拜金主义日益严重,享乐主义日益突出。“货币万能”的观念根植于某些研究生心中,“小资生活”“享受孤独”成为一些研究生的精神向往。第二,传统价值观念淡化,个人主义膨胀。一些研究生忽视人与人之间应有的基本价值准则,对“老黄牛”“铺路石”等集体主义精神存有逆反心理。与此同时,一些研究生以自我为中心,争强好胜,“明哲保身”,不能处理好国家利益、集体利益、个人利益之间的关系。第三,信仰缺失,理想淡漠。信仰在转型时期的解构,使一些研究生的信仰处于真空状态,各种拜物教和泛神教的观念乘虚而入,引发了一些研究生的信仰危机。第四,出现偏激思想和逆反心态。一些研究生为求张扬个性,常走极端,思想偏激,性格孤僻、抑郁,愤世嫉俗。一些研究生与传统道德规范背道而驰,不分正误地与大多数人的观念相悖,以此来博得别人的注目。第五,“寻求刺激,体验感性”的思想盛行。随着社会的转型,研究生文化正经历着理想主义与现实主义之间史无前例的冲突,研究生的价值观呈现出大众化、通俗化的特征,对感性事物的追逐日益凸显。一些研究生已逐步放弃对文化终极关怀的追求,漠视高雅文化,追求随心所欲的应时文化和快餐文化,自觉认同某些庸俗的社会潮流,使得神圣的生活理想、人生准则以及崇高的精神追求遭受前所未有的反叛与亵渎。社会转型带来的这些巨大冲击提醒我们,必须有的放矢、因势利导,有针对性地加强研究生社会主义核心价值观教育,才能够引导当代研究生树立正确的价值观念。

在研究生价值观念发展过程中,无论是国际环境还是国内环境的变化,其影响一般都是潜移默化式的,应对这些变化的挑战,正面的说服教育与引导一般还能奏效。但面对社会发展中出现的一些突出社会问题,面对现实生活中人的生存与发展被严重压抑的困境,辛苦培养起来的研究生进步价值观念,往往会在一夕之间被颠覆。在中国,多年来形成的社会问题主要有贫富两极分化问题、研究生就业问题、房价畸形上涨问题、医疗与社会保障问题及政府官员腐败等。这些问题产生的原因尽管有所不同,但都严重影响着研究生的价值取向,影响着当代研究生社会主义核心价值观教育的效果。要提高当代研究生社会主义核心价值观教育的有效性,必须正视并努力解决这些社会发展中的深层次问题。近年来,这些问题越来越受到社会各界的高度关注,党和国家也正在逐步采取措施,力争从根本上消除产生这些问题的社会根源。这些问题的逐步解决,必将极大地改善思想政治教育的社会环境,更好地推进当代研究生社会主义核心价值观教育。

3.2　研究生社会主义核心价值观教育的成效

3.2.1　研究生社会主义核心价值观教育的进程

中共十一届三中全会是新时期历史的起点,国家把工作重点转移到社会主义现代化建设上来,开创了改革开放和社会主义现代化建设的新时代,也指引着研究生社会主义核心价值观教育走上了健康发展的轨道。四十多年来,伴随着改革开放实践与党的理论创新的历史进程,研究生社会主义核心价值观教育大致经历了三个阶段。

1)**恢复重建期**(1978—1990 年)

20 世纪 70 年代末到 90 年代初,是中国特色社会主义理论的开创时期,也是研究生社会主义核心价值观教育在拨乱反正中曲折发展的阶段。这一时期,中央及时吸取教训,深入落实“两手抓,两手都要硬”的方针,重新做好研究生思想政治教育工作,社会主义核心价值观教育焕发出生机。这个时期又可分为三个阶段。

第一个阶段:高校思想政治教育恢复与重建,研究生价值观教育出现新契机。中共十一届三中全会以后,高校马克思主义理论教育、理想信念教育、思想品德教育等均得到加强。具体体现在三个方面:一是制定了加强和改进高等学校马列主义课的试行办法,研究生马克思主义理论教育得到加强。1980 年 7 月,教育部制定了《改进和加强高等学校马列主义课的试行办法》,提出了一系列重要措施,推动了高校马克思主义理论课的恢复与重建,加强了研究生马克思主义理论教育。二是广泛开展爱国主义、社会主义和共产主义教育,研究生理想信念教育得到加强。1980 年 4 月,教育部、共青团中央联合发出《关于加强高等学校学生思想政治工作的意见》,强调要大力进行革命理想教育。此后,中宣部发出了《关于加强爱国主义宣传教育的意见》,把爱国主义教育作为社会主义精神文明建设的一项重要任务。1982 年 11 月,教育部召开了专题座谈会,交流对学生进行共产主义教育的经验,取得了明显成效。三是在高校普遍开设共产主义思想品德课,研究生品德教育得到加强。1980 年春,教育部、团中央提出,要加强对研究生的共产主义道德教育。1982 年 10 月,教育部发出通知,要求把共产主义思想品德课作为一门必修课程纳入教学计划。此后,思想品德课在全国各高校迅速开展,成为对学生进行理想、道德、人生观教育的重要课程。1984 年 9 月,教育部正式发出《关于高等学校开设共产主义思想品德课的若干规定》,要求全国大多数高校开设了共产主义思想品德课,研究生社会主义荣辱观教育得到加强。

第二个阶段:高校思想政治教育在曲折中发展,研究生社会主义核心价值观教育在挫折中前行。20 世纪 80 年代中期,资产阶级自由化思潮泛滥,对高校思想政治教育产生了消极的影响。为应对这些消极影响,党和国家主要采取了以下措施:一是积极开展坚持四项基本原则、反对资产阶级自由化的教育,加强研究生马克思主义理论教育与理想信念教育。1986 年 9 月,中共十二届六中全会要求全党坚持四项基本原则,反对资产阶级自由化。针对 1986 年年底的学潮,中共中央专门发出《关于当前反对资产阶级自由化若干问题的通知》,要求各高校切实加强领导。1987 年 3 月,国家教委发出了《关于在高等学校马克思主义理论课(公共课)教学中旗帜鲜明地坚持四项基本原则反对资产阶级自由化的通知》,使学潮后研究生理想信念受到严重冲击的局面一度得到遏制。二是高校思想品德和政治理论课程教学进一步改革,研究生思想品德教育得到进一步加强。1985 年 8 月,中央发出通知,要求认真改革学校思想品德和政治理论课的课程设置、教学内容和教学方法。1987 年 10 月,国家教委发出《关于高等学校思想教育课程建设的意见》,规范了思想品德和政治理论课课程体系。三是高校思想政治教育的内容、形式和方法得到改进,研究生社会主义核心价值观教育在探索中创新。1987年5月,中央要求努力改进学校思想政治教育的内容、形式、方法以及体制。1987年后,军训和社会实践成为高校思想政治教育课堂教学的补充和延伸,成为研究生社会主义核心价值观教育的好形式。

第三个阶段:高校思想政治教育在反思中前进,研究生社会主义核心价值观教育焕发生机。1989年,邓小平指出:“十年最大的失误是教育,这里我主要讲思想政治教育。”为了弥补失误,高校思想政治教育开始了调整和完善。这段时间,党和国家主要采取了以下措施:一是加强领导,探索建立研究生价值观教育的长效机制。中共十三届四中全会后,国家教委发出了《关于加强和改进高等学校马克思主义理论教育的若干意见》。高校落实意见要求,普遍加强了对思想政治教育的领导。多数高校成立了由党委书记或副书记牵头的思想政治工作领导小组,形成了党委领导下的思想政治教育工作系统。二是深入反思教训,加强对研究生的四项基本原则教育。为了矫正研究生对社会主义的一些模糊认识,1989年7月,国家教委发出了《关于新学年对学生集中进行政治教育和理论教学的通知》。三是切实加强对高校党员干部和青年教师的思想理论教育,促进了研究生价值观教育队伍建设。1990年5月,国家教委党组发出了《关于高等学校党员干部学习马克思主义的意见》。高校青年教师出现了学习马列主义、毛泽东著作的可喜现象,研究生中也出现了“毛泽东热”“学马列热”,学习马列著作成为一种群众性活动。

2)探索创新时期(1991—2002年)

20世纪90年代初到21世纪初,是我国社会主义市场经济体制建立时期。这一时期,伴随着社会主义市场经济体制的逐步建立,开创于20世纪80年代的邓小平理论趋向成熟,“三个代表”重要思想也逐步形成,马克思主义在中国获得了新的发展。高校思想政治教育面临着新的时代性要求,研究生社会主义核心价值观教育在探索中不断前进。这一时期的研究生社会主义核心价值观教育,总体上有两个特点。

首先,高校思想政治教育积极应对新挑战,研究生社会主义核心价值观教育获得新发展。中共十三届四中全会以后,为应对新形势下的挑战,党和国家在高校思想政治教育领域采取了一系列重要措施。一是改进了体制机制,研究生价值观教育走向科学化、规范化的道路。1994年8月,中央发布《关于进一步加强和改进学校德育工作的若干意见》,要求高校建立和完善党委统一部署下的、以校长及行政系统为主实施的德育管理体制。1995年,国家教委发布了《中国普通高等学校德育大纲(试行)》,规范了高校思想政治教育工作体制,使研究生社会主义核心价值观教育走上了“依纲管理、依纲育人、依纲考评”的科学化、规范化的道路。二是大力推进爱国主义、集体主义、社会主义教育,使研究生价值观教育的内容更为清晰。1994年9月,中共中央颁发《爱国主义教育实施纲要》,提出了爱国主义教育的原则、内容、对象和措施。1996年,中共十四届六中全会通过《关于加强社会主义精神文明建设若干重要问题的决议》,强调爱国主义教育要贯穿社会主义现代化建设的全过程。三是素质教育、公民道德建设、心理健康教育受到重视,研究生价值观教育的外延扩展。1998年,教育部颁布《面向21世纪教育振兴行动计划》,将素质教育列为高等教育发展目标。1999年6月,中共中央、国务院发布《关于深化教育改革全面推进素质教育的决定》,明确了素质教育的方针、宗旨、重点与目标。2001年9月,中央颁发《公民道德建设纲要》,为高校道德教育指明了方向。

其次,高校“两课”教学改革继续深化,教学基本建设和学科建设不断加强,研究生价值观教育主阵地得到巩固。1992年以来,高校“两课”教育教学的改革和建设进入了一个新的阶段。一是邓小平理论和“三个代表”重要思想“进教材、进课堂、进学生头脑”的工作扎实推进,研究生价值观教育获得了新鲜的血液。20世纪90年代前期,高校“两课”设置中还没有专门讲授邓小平理论的课程。党的十五大后,推进邓小平理论“进教材、进课堂、进学生头脑”成为高校的紧迫任务。1998年4月,中央批准高校马克思主义理论课和思想品德课程设置新方案,对“两课”课程设置进行了调整。同年6月,中宣部和教育部发出了《关于普通高等学校“两课”课程设置的规定及其实施工作意见》,邓小平理论教育在高校全面启动。2001年7月,“三个代表”重要思想提出后,也成为高校“三进”工作的重要内容。邓小平理论和“三个代表”重要思想“三进”工作的扎实推进,使研究生价值观教育体现出鲜明的时代特色。二是“两课”教材建设、队伍建设与学科建设不断加强,研究生价值观教育的主阵地得以巩固。在教材建设方面,党的十四大以后,国家教委对马克思主义理论课统编教材进行了重新修订。在队伍建设方面,世纪之交,教育部主要通过师资培训、在职攻读学位、表彰优秀教师等活动,提高“两课”教师的思想政治素质和业务素质,增强他们在新的历史条件下的适应能力。在学科建设方面,1996年,国务院学位委员会正式批准建立首批“马克思主义理论与思想政治教育”专业的博士点,“马克思主义理论与思想政治教育”学科由此完成了从本科到硕士再到博士的发展历程,学科建设突飞猛进,为研究生价值观教育队伍建设奠定了学科基础。

3)巩固发展时期(2002年至今)

从21世纪开始,我国进入了全面建设小康社会、加快推进改革开放和社会主义现代化建设的新的发展阶段。高校思想政治教育在党的理论创新和实践创新中迎来了新的发展机遇,研究生社会主义核心价值观教育步入快车道。这个时期的研究生社会主义核心价值观教育具有两大特点。

首先,中央采取了一系列重大措施加强和改进研究生思想政治教育工作,开创了研究生社会主义核心价值观教育的新局面。世纪之交,为了适应新形势、新情况,突破高校思想政治教育的薄弱环节,中央采取了一系列重大措施。一是中共中央、国务院及有关部门相继出台了多个加强和改进研究生思想政治教育的重要文件,研究生社会主义核心价值观教育获得了政策上的强力支持。2004年8月,中共中央、国务院发出了《关于进一步加强和改进研究生思想政治教育的意见》。2005年1月,中央专门召开了研究生思想政治教育工作会议,胡锦涛总书记发表了重要讲话。在此前后,教育部、卫生部、共青团中央、中央宣传部等相关部门相继下发了多个配套文件，研究生社会主义核心价值观教育获得了政策上的强力支持。二是马克思主义理论研究和建设工程启动，研究生社会主义核心价值观教育获得新的动力。2004年1月，中共中央发出了《关于进一步繁荣发展哲学社会科学的意见》，并随后召开了实施马克思主义理论研究和建设工程工作会议，大力推进马克思主义理论研究和建设工程。三是高校思想政治理论课新方案出台，课程设置更为合理。2005年，中宣部、教育部发出《关于进一步加强和改进高等学校思想政治理论课的意见》，明确了高校思想政治教育理论课程改革新方案，形成了结构合理、功能互补的思想政治理论课课程体系。

其次，党的理论创新取得重大成果，丰富了社会主义核心价值体系的内涵，完善了研究生社会主义核心价值观教育的内容。党的十六大以来，我们党不断推进理论创新，形成了一系列富有创造性的理论成果。这些理论创新成果，是对马克思主义的重大理论贡献，丰富了研究生社会主义核心价值观教育的内涵。在党的十六大报告中提出了以人为本的科学发展观，奠定了社会主义核心价值体系的基石。[①]党的十七大报告系统论述了科学发展观的基本内涵，其以人为本的指向深刻反映了中国特色社会主义的价值，因而在意识形态上成为社会主义核心价值体系的重要内容，构成了社会主义核心价值体系的基石。二是提出了构建社会主义和谐社会的重大任务，"和谐"成为社会主义核心价值体系的核心理念。中共十六届六中全会对构建社会主义和谐社会做出了总体部署。和谐社会理论中的"和谐"精神深刻体现了中国特色社会主义的核心价值，成为社会主义核心价值体系的基本理念。三是提出了以"八荣八耻"为主要内容的社会主义荣辱观，丰富了社会主义核心价值体系的基本内容。2006年3月，胡锦涛在参加全国政协十届四次会议上明确提出了以"八荣八耻"为主要内容的社会主义荣辱观。社会主义荣辱观丰富了社会主义核心价值体系的基本内容，充实了研究生社会主义核心价值观教育的道德基础。四是提出了建设社会主义核心价值体系的战略任务，研究生社会主义核心价值观教育成为时代的重大课题。2006年10月，中共十六届六中全会提出了社会主义核心价值体系的基本论述。2007年年底，党的十七大将"建设社会主义核心价值体系"纳入报告中。"建设社会主义核心价值体系"成为构建社会主义和谐社会、推进中国特色社会主义建设的战略任务，研究生社会主义核心价值观教育成为高校思想政治教育的引领力量。2012年党的十八大对社会主义核心价值观进行了高度凝练，总结为24个字，指出了社会主义核心价值体系是兴国之魂，是社会主义先进文化的精髓，决定着中国特色社会主义的发展方向。[②] 2017年党的十九大提出，社会主义核心价值观是当代中国精神的集中体现，凝结着全体人民共同的价值追求。要以培养担当民族复兴大任的时代新人为着眼点，强化教育引导、实践养成、制度保障，发挥社会主义核心价值观对国民教育、精神文明创建、精神文化产品创作生产传播的引领作用，把社会主义核心价值观融入社会发展

① 中共中央文献研究室.十六大以来重要文献选编:下[M].北京:中央文献出版社,2008:25-42.

② 韩震.兴国之魂:论推进社会主义核心价值体系建设[J].求是,2012(13):24.

各方面,转化为人们的情感认同和行为习惯。

3.2.2 研究生社会主义核心价值观教育的基本经验

研究生社会主义核心价值观教育经历了恢复重建、探索创新、巩固发展三个时期,在党和国家的关心指导下,在社会各个阶层的大力支持下,在众多高校思想政治教育工作者的不懈努力下取得了突出的成绩,积累了丰富的经验。

1)要坚定不移地对研究生开展社会主义核心价值观教育

研究生是社会主义事业建设和发展的生力军,研究生价值观念的变化是社会价值观念变化的缩影,从1978年至今,我国对研究生分别进行了以"毛泽东思想"和"邓小平理论"为核心价值观的教育、以"三个代表"重要思想为核心价值观的教育、以"科学发展观"为核心价值观的教育、以"习近平新时代中国特色社会主义思想"为核心价值观的教育。①历史充分印证我们必须要坚定不移地对研究生开展社会主义核心价值观教育,用科学的价值观理念武装研究生的头脑,使研究生在思想上拥护党的领导,与党中央保持高度一致,在实际行动上自觉践行社会主义核心价值观,展现研究生应有的精神风貌,促进研究生健康成长成才,推动社会主义建设事业持续发展。2014年5月4日,习近平总书记在北京大学再次强调了青年的价值取向决定着未来整个社会的价值取向,青年处于价值观形成和确立时期,抓好这一时期的价值观养成十分重要。②

2)要结合学生关注点开展研究生社会主义核心价值观教育

从20世纪70年代末至今,研究生的关注点发生了天翻地覆的变化,80年代研究生关注"经商"和"政治",90年代研究生关注"出国留学"和"勤工俭学",21世纪研究生关注"考研""考证""网络""时尚"等,每个时代研究生所关注的问题都有所不同。研究生社会主义核心价值观教育要结合研究生的学习和生活实际,要通过探索和提炼,总结出贴近研究生思想、贴近研究生生活实际,为研究生所关注的教育内容,研究生社会主义核心价值观教育与帮助研究生排忧解难相结合,从而增强研究生社会主义核心价值观教育的针对性、实效性,由"务虚"向"务实"转变。

3)开展研究生社会主义核心价值观教育要形成合力

开展研究生的社会主义核心价值观教育不只是学校的责任,还应该是社会、家庭的责任。研究生社会主义核心价值观教育不应从大学才开始,而应该是贯穿出生到大学毕业的

---

① 喻嘉乐.新时代研究生群体社会主义核心价值观教育研究[M].杭州:浙江大学出版社,2015.

② 习近平.习近平谈治国理政:第一卷[M].北京:外文出版社,2014:163.

教育,是一个漫长而又循序渐进的教育过程。从研究生社会主义核心价值观教育的发展,我们可以看到研究生的核心价值观教育经历了一个由高校承担教育责任到学校、家庭、社会共同发力的过程。这表明开展研究生社会主义核心价值观必须要凝聚家庭、学校、社会等多方面的力量,使之形成合力,共同推动研究生社会主义核心价值观教育。

4)研究生社会主义核心价值观教育要不断丰富文化载体

随着时代的发展,对研究生进行社会主义核心价值观教育也不能再单纯使用"硬性理论灌输"的方式,而应该不断丰富文化载体,使社会主义核心价值观教育更生动、更有趣、更"动听"。从20世纪70年代至今,对研究生的社会主义核心价值观教育的途径也由灌输理论向通过举办各种文化活动,包括利用网络开办特色网站、开展丰富多彩的校园文化活动等潜移默化地传播理论转变,更加注重"润物细无声"。①

5)要发挥研究生核心价值观教育的主渠道作用

在研究生社会主义核心价值观教育中,要注重思想政治理论课"教材、教程、教员"建设,夯实研究生社会主义核心价值观教育的基础。②重庆在开展教育过程中,在教材方面注重统编教材与地方辅助教材相结合,充分利用红岩精神、抗战文化、三峡移民精神等宝贵资源以及"五个重庆"建设等方面启动思想政治理论地方辅助读本的编写工作。目前,已着手编写《研究生思想政治理论课学习精要》《研究生关注的社会热点难点问题解析》《研究生思想政治教育重庆城市精神读本》等地方辅助教材读本。在教程方面,强调摒弃照本宣科和脱离实际的空洞说教,努力让课堂活跃、生动起来,提升思想政治理论课的吸引力和感染力。做好实践教学,以社会调查、参观考察、活动设计等多种形式广泛开展实践教学活动。在教员方面,按照教育者必须首先"真懂、真信、真教"的要求,积极开展高校思想政治理论课教师队伍上岗培训、骨干培训、优秀人才培训三大"组合拳"培训,整体提升思想政治理论课教师思想政治素质和教学水平。

6)要注重研究生社会实践活动的推动作用

坚持研究生理论学习和社会实践的统一,将特色主题活动贯穿在研究生社会主义核心价值观教育之中。一方面,广泛开展理想信念教育活动。在清明节、五四青年节、"七一"建党日等重大节日,紧紧围绕理想信念这一核心,普遍开展表彰、演讲、知识竞赛、缅怀先烈等主题教育。同时,组织研究生开展相关主题活动、观看相关影视作品,让学生在鲜活的故事中感悟核心价值体系的丰富内涵,领悟核心价值体系的思想精髓,以收到"润物细无声"的教

---

① 邓验,张苾莹.大数据时代国家意识形态话语权建构的逻辑进路[J].思想教育研究,2018(1):56.

② 姜璐,刘洋,张茂仁.研究生社会主义核心价值观教育思考[J].沈阳农业大学学报(社会科学版),2014,16(2):166-169.

育效果。另一方面,深入推进研究生社会实践活动。广大研究生通过社会实践活动,深入了解国情、市情、民情,向人民群众学习,增进了与工农大众的感情,改变了以前"两耳不闻窗外事"的状态,深化其对社会主义核心价值体系的认识。

3.3 研究生社会主义核心价值观教育的问题调查

3.3.1 研究生社会主义核心价值观教育的问卷设计

1)调查的目的与内容

为了能够更加直接清晰地了解研究生社会主义核心价值观教育的问题,本次围绕以下几个方面对研究生社会主义核心价值观的教育情况进行了调查:①研究生社会主义核心价值观教育的主阵地调查;②党团组织和辅导员、班主任的教育状况调查;③校园文化和社会实践活动教育情况调查;④研究生自我教育管理状况调查。

2)调查的对象

调查问卷向重庆市5所普通高等院校发放,共发放问卷1 000份,回收问卷986份,回收率为98.6%,剔除42份无效问卷,有效问卷944份,有效性95.74%。其中,男生占调查总人数的66.24%,女生占调查总人数的33.76%。

3)调查的过程

问卷调查共分为三个阶段:第一个阶段,根据我国研究生社会主义核心价值观教育的现状精心设计和筛选编制调查问卷。第二个阶段,以学校为单位,在规定的时间、地点对抽查对象进行测试。第三个阶段,对统计数据进行统计学上的整理分析。

3.3.2 研究生社会主义核心价值观教育的问卷分析

1)问卷调查的基本情况

(1)研究生社会主义核心价值观教育的主阵地情况调查

高校"两课"是研究生社会主义核心价值观教育的主阵地,是研究生接受马克思主义思想、中国特色社会主义共同理想、民族精神与时代精神以及社会主义荣辱观教育的最主要、最正规的途径,其直接关系到研究生社会主义核心价值观教育的成效。

①社会主义核心价值观理论教材。社会主义核心价值观理论教材是教师对研究生开展社会主义核心价值观教育的依据,教材编写的质量会影响教师的教学和研究生学习的积极性。调查显示:少部分学生对社会主义核心价值观理论教材编写质量的评价不高,其中有32%的学生认为教材存在“教条主义”“空洞理论”问题,只有38%的学生认为教材“与实际结合密切”和“内容新,反映了时代的要求”,还有19%的学生认为教材“与实际结合不够紧密”。学生对社会主义核心价值观理论教材的满意度见表3-1。

表 3-1 学生对社会主义核心价值观理论教材的满意度

满意度	很满意	比较满意	一般	不满意
百分比/%	38	19	32	11

②社会主义核心价值观教学现状。社会主义核心价值观理论知识的讲授方式通常是课堂讲授与课堂讨论相结合、课堂讲授与社会实践相结合、多媒体教学等,学生最喜欢的教授方式应该是课堂讲授与实际相结合。然而在实际的教学过程中,许多社会主义核心价值观的教育者仍然沿用照本宣科的教学手段,采取“填鸭式”“灌输式”的教学方法。调查显示:有26%的学生认为老师的讲授是“照本宣科”,有23%的学生认为教学内容针对性和效果“一般”,社会主义核心价值观教学情况见表3-2,社会主义核心价值观教学满意度见表3-3。

表 3-2 社会主义核心价值观教学情况

社会主义核心价值观教学方式				社会主义核心价值观教育内容针对性和效果		
照本宣科	互动式	研讨式	其他	好	一般	不好
26%	53%	11%	10%	51%	23%	26%

表 3-3 社会主义核心价值观教学满意度

满意度	很满意	比较满意	一般	不满意
百分比/%	54	23	8	15

(2)党团组织和辅导员、班主任的教育状况调查

基层党、团组织也承担着对研究生开展社会主义核心价值观教育的重要任务。从调查的情况看,多数学生认为党、团组织在研究生社会主义核心价值观教育中发挥了重要的作用。

①党组织开展的社会主义核心价值观教育。因为研究生中党员毕竟是少数,所以对研究生而言接受党组织教育主要是通过党校学习和培训。调查显示:在“参加完党校培训后对你的影响?”的回答中,有54%的学生认为“对党的有关知识有了进一步的了解”,46%的学生认为“对共产主义信仰更加坚定”,62%的学生认为“认识到党在21世纪面临着许多挑

战”,只有0.9%的学生认为“没有任何收获”。这可以看出党校在研究生社会主义核心价值观教育过程中发挥了重要的作用。

党支部发展党员时,思想政治素质是首要考虑因素。调查显示:多数学生认为党支部在发展党员时对思想政治素质要求较高,但也有部分学生认为党支部对研究生的思想政治素质要求不高,说明党支部在发展学生党员的过程中存在着忽视研究生思想政治素质的问题。党支部发展党员时对思想政治素质的要求见表3-4。

表3-4 党支部发展党员时对思想政治素质的要求

要求	很高	较高	一般	没要求
百分比/%	17	40	36	7

②团组织开展的社会主义核心价值观教育。研究生中团员的比例是非常高的,团组织对团员的教育主要通过定期召开团组织生活会和组织社会实践活动进行。调查显示:有68%的研究生所在的团支部“按要求开团会”,有23%的研究生回答“不按要求开或开得很少”,还有9%的学生回答“从来不开”。这表明大部分团支部还是按要求开会,但仍有少部分团支部没有按照要求开会。对团支部的作用,“你如何看待团组织的生活会的”,有82%研究生认为“给同学之间交流提供了平台”,有78%的研究生认为“可以进行坦诚的交流,有助于认识自己和发展自己”,有42%的研究生认为“可以学习党的路线方针政策理论”,这表明,通过团组织生活会,可以使研究生接受到社会主义核心价值观教育,对研究生的成长成才有重要的指引作用。

③辅导员、班主任开展的社会主义核心价值观教育。辅导员和班主任是学生的人生导师,承担着部分社会主义核心价值观教育的内容,然而现实是辅导员和班主任出于时间、精力以及学生人数等原因,更多的是扮演着管理者的角色,只是执行上级领导下达的一些任务和要求,没有做到了解学生的具体情况,对研究生社会主义核心价值观教育工作有所疏忽。具体见表3-5和表3-6。

表3-5 辅导员、班主任了解研究生思想状况

了解研究生思想状况	经常	比较多	比较少	很少	从不
百分比/%	36	35	12	15	2

表3-6 辅导员、班主任开展研究生社会主义核心价值观教育状况

开展研究生社会主义核心价值观教育状况	经常	比较多	比较少	很少	从不
百分比/%	49	32	8	9	2

(3)校园文化和社会实践活动教育情况调查

良好的校园文化是开展研究生社会主义核心价值观教育的重要保障,可以使社会主义核心价值观教育与校园文化活动有机结合,切实发挥教育的实效。另外,社会实践活动也是研究生社会主义核心价值观教育的重要途径,让研究生在实践中受教育、长才干、做贡献,是社会主义核心价值观教育的第二课堂。

①校园文化。校园文化的调查结果显示:62% 的学生认为大学校园文化“丰富”,只有 7% 的学生认为校园文化“不丰富”。在回答“你如何看待文化节、艺术节等校园文化活动”时,有 46% 的学生认为“丰富了校园的学习文化生活”,有 31% 的学生认为“有利于院系之间的交流”,有 33% 的学生认为“开拓了思维,学到了很多课外知识”,这说明文化节、艺术节等校园活动对于丰富校园文化,加强院系之间交流,提升学生能力具有重要的推进作用,但我们也应注意到,还有 21% 的学生认为“流于形式,没有实际意义”,这表明校园文化活动还存在很多不足的地方,需要加以改进。

②社团组织活动。社团组织是根据研究生的兴趣爱好而组建起来的,其在学生课余生活中发挥了重要的作用。调查结果显示:有 74% 的学生参加过社团组织,这表明学生参加社团的积极性还是比较高的。在“你对社团的看法”调查中,有 37% 的学生认为“可以学到很多东西,提升自己的能力”,有 33% 的学生认为“可以交到朋友”,这说明社团课题对拓展学生的知识面和交际圈,发挥了积极的作用。但也应看到,仍有 18% 的学生认为社团组织“无实际活动,流于形式”,15% 的学生认为“学不到什么东西”,这表明社团组织在活动方面仍然存在不足,需要改进和提高。

③社会实践活动。社会实践活动是研究生成才的一条重要途径,调查显示:71% 的学生参加过社会实践,这说明研究生的社会实践活动开展得比较好。在“你如何看待社会实践活动”的调查上,有 52% 的学生认为“可以更多地接触社会、了解社会”,有 24% 的学生认为“可以把自己所学的东西运用到社会实践中”,有 22% 的学生认为“可以学到东西,能够让自己变得成熟起来”,只有 2% 的学生认为“参加社会实践活动只是应付差事”。

(4)研究生的自我教育管理状况调查

①对待学习的态度。学习态度是否端正是研究生能否成才的前提,调查显示:研究生对社会主义核心价值观教育的认识程度还需要提高,认为社会主义核心价值观学习“重要”的占 72%,“不重要”的占 8%,“无所谓”的占 2%;学习这门课是“为了考试”的占 11%,为了提高理论知识水平和自我修养的占 77%,“不知道”的占 12%。这表明有一部分研究生对马克思主义缺乏需求动力,不能主动进行自我教育。

②职业规划与就业观念。当代研究生在就业压力日趋沉重,就业危机日益明显的今天,职业规划和就业观念有了新特点。他们在择业时更加理性化,既注重社会理想、道德理想,也强调生活理想和职业理想。调查显示:在“你对所学专业的兴趣”的调查上,有 40% 的学生认为“感兴趣”,有 29% 的学生认为“不太感兴趣”,有 22% 的学生认为“一般”,

有9%的学生认为“没有兴趣”。在问及“毕业后是否愿意到西部和从事基层工作”时，12%的学生表示“非常愿意”，25%的学生表示“比较愿意”，问及“您不愿意到西部和基层就业的主要原因”时，35%的学生认为“发展空间不够”，22%的学生认为“对西部和基层缺乏了解”。

③网络认知度和信息辨别力。在科学技术高度发展的网络化时代，对网络的认知度和信息辨别力是研究生所面临的一个重要观念选择。当代研究生表现出他们对以网络技术为特征的现代学习方式比较感兴趣，他们将网络作为与外界沟通和交流的重要途径，可以通过网络为自己带来学习、科研、求职、交友等多方面的便利。调查显示：研究生日常获取社会信息最主要的渠道，72%的研究生选择“网络”；上网最主要的目的中，“了解新闻”的占46%，“学习和查阅资料”的占21%，但还有18%的学生选择“玩网络游戏”和15%的学生选择“观看影视热播剧”。在对待网络上关于批评政府的言论的态度上，48%的学生选择“不知道”，态度模棱两可。调查表明，网络在研究生中具有重要的作用，但对学生的网络使用还需要加强引导和教育。

2）存在的主要问题

从以上调查结果中，我们可以看到当前研究生社会主义核心价值观教育总体状况还是较好的，但仍然存在一些不可忽视的问题。

（1）研究生社会主义核心价值观教育内容贴近学生和社会程度不够

研究生社会主义核心价值观教育只有从研究生的生活实际出发，了解研究生的个性特征，站在研究生的角度上思考问题、解决问题，才能赢得研究生的拥护和支持。目前在这方面存在的问题主要有：第一，教学的课程设计还不能够紧密结合研究生的生活实际，教育者只是机械地讲授书本知识，而忽视了书本知识与研究生现实生活的联系，导致理论与实践的脱节。第二，教育忽视了学生个性特征和身心发展规律，针对性不强。教育者没有研究研究生的个性特征和身心发展规律，只是笼统地传道授业，而没有针对研究生的个体特征和身心发展规律，教育没有实现与学生个体的互动与反馈。第三，教育缺乏人文关怀和人性化。教育者过分注重研究生的智育，轻视研究生人格培养，没有考虑研究生的实际需求，缺乏人文关怀和人性化。因此导致学生上课的出勤率较低，认真度不高，很多学生认为思想政治理论课对于他们是没有用的，不喜欢上马克思主义理论课和思想品德课。研究生思想政治教育的主阵地、主课堂、主渠道作用没有充分地发挥出来。

（2）研究生社会主义核心价值观教育方法缺乏针对性和实效性

目前研究生思想政治教育内容忽视了时代变革中的新情况、新现象，对研究生的个人实际和学生所关注的社会热点、难点等实际问题关注度不够，这种状况使得思想政治教育本身缺乏针对性、缺乏时代感，无法与时俱进，不能适应时代发展的要求。其主要表现在以下几方面：第一，教育以课堂说教为主要方法，进行“填鸭式”的理论灌输，内容陈旧，形式枯燥，缺少互动。第二，榜样教育脱离研究生现实生活，过度“高、大、全”，不能深入研究生内心，不能产生共鸣，教育缺乏感召力。第三，教育重视校园文化，但是娱乐性过度、内涵不足，校园文化缺少规划性。第四，教育重视社会实践，但是实践流于形式，没有科学规划，也与学生所学知识脱节。传统的研究生社会主义核心价值观教育思路和方法已经无法适应时代的发展趋势，也不适应当前研究生价值观教育的现实情况，应该加强对互联网络的运用与管理，充分利用好现代传媒手段。

(3)研究生社会主义核心价值观教育工作队伍力量较为薄弱

研究生社会主义核心价值观教育主要是由思想政治教育教师以及教育管理人员进行的。从调查的结果来看，目前研究生思想政治教育工作队伍还不能满足研究生思想政治工作的要求，质量有待提高、数量有待增加、队伍有待稳固。从管理队伍的质量和数量来看，专职管理政工人员数量不足、经过专业培训的管理人员更是少之又少。根据教育部要求，每120～150名学生需要配备一名专职政工管理人员，而在实际工作中，虽然大多数高校都为各院系配备了专职总支副书记、党团委书记，但是和教育部的规定相比，缺额现象比较严重。研究生社会主义核心价值观教育的队伍人数少、综合素质参差不齐，而且教育者身兼其他事务性工作，工作任务繁重，缺少合理的评估激励机制，教育者的工作主动性不强、动力不足。

(4)研究生社会主义核心价值观教育的合力未能充分形成

研究生社会主义核心价值观教育是由社会、学校、家庭、个人共同参与的教育，全社会应形成“人人关注研究生社会主义核心价值观教育，人人投入研究生社会主义核心价值观教育”的全员教育局面。但是，当前的教育还没有引起足够的重视，大部分的教育责任落在了高校，家庭和社会没有承担起教育的责任，教育的合力尚未形成。其主要体现在以下两个方面：第一，教育没有得到社会、家庭和学校的足够重视，尤其是社会和家庭的重视程度严重不足。第二，教育没有得到社会的全员参与，缺少合力的支持，高校承担了几乎全部的教育责任，社会和家庭的参与度不高，教育应该是社会、学校和家庭共同发挥作用。①

3)问题的成因分析

(1)国内外环境对研究生社会主义核心价值观教育带来挑战

研究生社会主义核心价值观教育是在一定的社会环境中进行的，社会环境对接受具有导向作用，决定着接受的大方向。就国内环境而言，改革开放以来，我国现阶段社会情况相比以前发生了复杂而深刻的变化。随着改革开放的发展和经济的转型，社会转轨，在意识形态领域，出现了多种思想观念相互碰撞。当代研究生由于阅历尚浅，容易受社会变化的影

① 沈洁.思想政治教育视野中的和谐家庭建设[D].北京：中国矿业大学，2013：107.

响，难免会出现思想困惑或混乱。“社会主义市场经济体制的确立，对尚处在世界观、价值观形成中的研究生来说影响会更大。改革开放出现的一些消极腐败现象及社会上的坏风气，也影响着研究生。此外，来自不同国家，代表不同的政治观点、文化观念、道德行为、价值观念和生活方式的信息云集网上，在这些信息中不乏消极的、错误的甚至是反动的观点，境外敌对分子往往利用互联网的优势推销自己的价值标准、意识形态和社会文化。西方敌对势力通过网络中的“思想侵蚀”，实行“西化”“分化”战略不同程度地冲击着研究生的思维方式、价值观取向。

(2)研究生社会主义核心价值观教育工作者角色多重化

当前高校研究生社会主义核心价值观教育队伍主要由导师、辅导员、部分专职理论课教师、行政人员等组成。他们发挥着各自不同的作用：行政人员负责学生的思想教育组织、协调、实施；理论课教师根据学科和课程内容、特点，负责对学生进行思想理论教育、思想道德教育和人文素质教育；辅导员、班主任负责按照党委部署有针对性地开展德育活动，在思想、学习和生活等方面指导学生。但是，在这些工作人员中普遍存在着同一个问题，从事社会主义核心价值观教育的专业人员不多，专职教师较少，兼职教师过多，社会主义核心价值观教育工作队伍素质参差不齐。而且，兼职教师大部分还担任行政领导、从事党务工作或学生管理工作，他们都肩负着比较繁重的学生管理工作或行政工作，不能把社会主义核心价值观教育作为重点对待，对备课和教学投入的精力也很有限，在选择教育内容和教育方法时缺乏科学性，导致研究生社会主义核心价值观教育工作薄弱，对学生的世界观、价值观、人生观教育不能很好地展开实施。

(3)研究生成长家庭环境及教养方式影响

每个研究生的家庭背景不同，家庭成员结构不同，家庭成员素质不同，家庭成员处事方式不同，这些因素决定了每个研究生家庭在研究生社会主义核心价值观教育问题上的认识、态度、处理方式也有差异。首先，现在大多数学生都是独生子女，从小父母对其溺爱有加，凡事包办过多，部分家长过度关注孩子的智力发育而忽视孩子的身心健康，过度重视孩子的学习成绩而忽视孩子的品德修养，过分放纵孩子的随心所欲而忽视教导约束。这些家庭偏见导致家庭对研究生社会主义核心价值观教育的重视程度不够，认识不全面，执行不得力。其次，家庭过度依靠学校。部分家庭认为孩子一旦上了大学，教育就是学校的事情，高校应该承担起学生成长、成人、成才的重担。因此，家庭出现了推卸教育孩子责任，完全依靠学校的行为，而且家庭几乎不主动与高校进行沟通。最后，家庭成员素质参差不齐。部分学生的家庭成员本身对社会主义制度就不认可或者不够坚定，或者家庭成员的文化水平、道德修养、处事方式存在问题，这些因素都会直接影响家庭对研究生社会主义核心价值观教育的开展和效果。

第4章 研究生社会主义核心价值观教育协同机制的构建

党的十九大报告指出，中国特色社会主义进入新时代。面对新时代的新征程、新形势、新目标，研究生社会主义核心价值观培育工作在新的历史方位下需着眼于进一步纵深发展，因事而化、因时而进、因势而新，我国从理论与实践的双向维度，对社会主义核心价值体系、社会主义核心价值观给予了更加全面、深入、系统的研究和阐释，社会主义核心价值观是全体人民认同的最大公约数，从国家、社会、公民层面指明了社会主义核心价值观建设的着力点，确立了当代中国最基本的价值理念。随着社会的发展，研究生的价值观呈现出多元化趋势，在新时代背景下，研究生社会主义核心价值观培育应以进一步提升研究生对社会主义核心价值观的道义认同、心理认同、行为认同为目标，以展示社会主义核心价值观的道义力量和价值功能。加强研究生社会主义核心价值观教育，在研究生中构建有效的社会主义核心价值观教育协同机制，就显得尤为迫切和重要，社会主义核心价值观的形成是多种教育主体共同参与、多种教育途径协同作用、多个教育子系统合力育人的结果。[①]本章在分析构建研究生社会主义核心价值观教育的必要性和紧迫性的基础上，从学理依据与现实基础角度论证了构建研究生社会主义核心价值观教育协同机制的可行性与构建原则，从心理学学科思维角度论述了研究生社会主义核心价值观教育协同机制的研究，阐释了研究生社会主义核心价值观教育协同机制的构建与运行。

4.1 研究生社会主义核心价值观协同机制的构建依据

习近平总书记指出："核心价值观，承载着一个民族、一个国家的精神追求，体现着一个社会评判是非曲直的价值标准。"当前，构建中国特色社会主义社会的核心价值观已成

① 焦连志.社会主义核心价值观与中华优秀传统文化教育协同机制研究[J].中国高等教育，2020(6)：34-36.

为一项十分紧迫的战略任务。研究生作为国家建设和发展的中坚力量,强化研究生社会主义核心价值观教育,用社会主义核心价值观去引领、统摄、整合研究生群体的多样化价值观,在研究生群体中构建合理有效的社会主义核心价值观教育协同机制,就显得尤为迫切和重要。

4.1.1 紧迫性

高等学校是培养适应社会主义现代化建设需要的高素质人才的园地,他们代表了祖国的未来和民族的希望。“一个有远见的民族,总是把关注的目光投向青年;一个有远见的政党,总是把青年看作推动历史发展和社会前进的重要力量。”[①]作为青年中最富有创造精神和超越意识的研究生群体,能否树立正确的社会主义核心价值观,能否把他们培养成中国特色社会主义事业的合格建设者和可靠接班人,对于构建社会主义和谐社会,加快推进社会主义现代化的宏伟目标具有重大而深远的意义。

当前,我国研究生社会主义核心价值观的主流是好的、是积极向上的。他们拥护党的领导,拥护改革开放政策,热爱社会主义祖国,对实现中国梦充满信心。多数研究生能够认识到人的价值不仅包括社会对个人的尊重和满足,而且包括个人对社会的责任和贡献。然而,由于我国当前处于市场经济发展的初始阶段和新旧体制转换时期,市场运作法规和秩序尚不健全,加之各种不良思潮的冲击,部分研究生的人生价值观向“自我”倾斜,出现了“功利化”“多元化”等倾向,对其人生价值观产生了严重的不良影响。所以,加强研究生社会主义核心价值观教育刻不容缓、势在必行。

1)改进当代研究生价值观现状的要求

首先,当代研究生的政治态度是积极的。当代研究生关心国家的前途和命运,他们热爱党,热爱祖国,热爱社会主义,坚决拥护党的路线方针政策,高度认同中国特色社会主义理论体系,并且善于捕捉和接受新生事物,报纸、广播、电视,特别是网络已经成为他们获取信息的重要工具。大多数研究生对党和政府的重大决策以及对重大事件的处理,能够表示理解赞同和支持,在政治上、思想上能保持积极向上的态度。

其次,当代研究生的思想是务实的。对人生价值的看法与选择,许多研究生都有自己的见解。他们已不满足于课堂上所学到的专业知识,而把努力拓宽知识面、开阔视野、锻炼各种驾驭生活的能力、了解社会、树立自强自立放在第一位。多学些本领、多掌握几种技能,适应竞争、适应社会,已得到当代研究生普遍认同。

再次,当代研究生价值观的主流是进取的、向上的。当代研究生对“追求健康向上、对社

---

① 赵波.习近平文化强国战略思想指导下对青年进行社会主义核心价值观教育方略[J].思想理论教育导刊,2016(9):92-94.

会有所作为"的人生价值观普遍持认可态度。他们富于同情心、责任感和正义感,越来越多的当代研究生追求完美的人格质量,既要求用专业知识武装头脑,把学习知识、提高素质作为人生发展的紧迫任务,同时不断完善自身的人格,坦诚地接受自己的不足之处并对生活持乐观向上的态度,做到心胸开阔、善解人意,尊重自己也尊重他人,具有自我发展、自我塑造与自我完善的能力。

然而,由于全球化进程的加快和改革开放的进一步深入发展及社会正处于转型期,中西文化交流日益频繁,西方国家在文化上强势入侵,部分研究生在价值观上产生错误导向,主要表现在以下几个方面。

①重金钱实惠,轻理想追求。当代研究生大多数赞成或接受共产主义理想,但也有人内心认为实现共产主义理想是渺茫的。他们大多数虽然赞成"人生价值在于奉献",但往往又未将其完全付诸行动。

②重个人利益,轻集体利益。当代研究生大多数赞成正确的人生价值观的一个重要方面是为国家、集体做出贡献,赞同以集体主义为价值的核心。但目前个人主义、利己主义对研究生也产生了很大影响。一些研究生认为人的本质是自私的,另一些人则把人与人之间的关系视为等价交换关系,时时从"利己"出发,缺乏社会责任感。

③重才能,轻道德品质。一些研究生认为,个人价值的实现仅取决于个人的学识、才能、机遇和人际关系,而与个人品质无直接关系,故出现了"重才轻德"的倾向。一些研究生把精力放在加强自身专业知识方面,而在个人道德上出现滑坡,他们在政治上不求上进、不讲职业道德,为谋求个人利益而见利忘义。

④重奢侈享受,轻艰苦奋斗。随着改革开放的深入和社会主义市场经济的建立和发展,出现了高收入阶层,不少人以高消费为荣,大肆挥霍,加之少数舆论媒介的渲染和不正确引导,造成社会心态的躁动和研究生价值观念的失衡;少数研究生不考虑自身的经济承受能力,盲目追求超前消费,他们把高消费看作一种排头、一种个人价值的体现。

随着经济和社会的发展,研究生的价值观必将呈现更加多元化的发展趋势。因此,加快构建研究生社会主义核心价值观教育协同机制,将社会主义核心价值观深入内化为研究生的主流价值观至关重要又迫在眉睫。

2)时代的精神诉求和高校德育的新使命

在经济全球化、政治多极化和科学技术信息化的大背景下,世界正处于大发展、大变革、大调整时期,我国也正在经历着空前的社会变革。这种空前的社会变革对高校研究生的思想观念、道德观念、价值观念等方面产生了巨大影响。青年研究生在价值观念和价值追求上日益呈现出多样化趋势。一方面,高校面临价值观较量和思想意识多元的考验,要求抓好研究生社会主义核心价值观教育,时代呼唤以社会主义核心价值观统领和整合研究生的多元价值取向,为他们指引正确的方向。另一方面,高校承担着思想文化建设和人才培养的重要使命。高校要积极构建内部各教育主体、教育途径的合力育人机制,同时积极探索与家庭、社会各个层面的协同联动,通过形成内外协同、资源共享、合作共赢的良好局面,使社会主义核心价值观融化在研究生的心灵里,体现在研究生的行为中。社会主义核心价值观的提出为高校的德育体系建设提供了指导,指明了德育建设的方向、重点、依据、内容等,为探讨建立适应时代特点、反映时代要求的德育体系提供了可能。研究生是国家宝贵的人才资源,是民族的希望、祖国的未来,中华民族的伟大复兴不仅要在经济发展上创造奇迹,也要在精神文化上书写辉煌。在研究生中深化社会主义核心价值观的培育践行,教育和引导研究生自觉用社会主义核心价值观"武装头脑、浸润心灵、引领行动",是高校义不容辞的责任和使命。要使研究生成长为中国特色社会主义事业的合格建设者和可靠接班人,不仅要大力提高共科学文化素质,更要大力提高他们的道德修养,德才兼备是党一贯的人才选拔和培养标准,"德"始终居于人才培养的首要地位。①研究生正处于立德的重要阶段,肩负着重要的道德使命,唯有不断加强自身道德修养、培养健全人格,才能成长为可堪大用、能担重任的栋梁之材。构建研究生社会主义核心价值观的接受和认同机制,使之树立正确的价值观念,是提高其道德修养的关键环节,成为新时期高校德育工作的新使命。

3)国际背景下的战略需要

亚瑟·施莱辛格指出,文化交流是指跨越国界的单纯的思想观念和价值观念的交流。当这种交流伴随着政治、经济、军事压力时就变成了一种侵略。"文化帝国主义"就是一种文化对另一种文化有目的的侵略,是把一种"优越的"文化灌输给另一个国家的人民,使他们自愿服从在这种文化的统治之下,其根本特征是以施加文化、价值观方面的影响作为推行侵略扩张政策的主要手段。

当前,经济全球化、政治多极化和多元化迅猛发展的世界格局,使各种价值观的冲突与融合变得越来越频繁,西方的一些消极有害的社会思潮、文化意识、价值观念、生活方式等,通过各种媒介渗透我国,刺激着当代研究生细腻敏感的神经,使他们兴奋,形成不同的、丰富的态度体验。思想文化领域的扩张与反扩张、渗透与反渗透的斗争日趋激烈,尤其是以快捷性、方便性和开放性为基本特征的互联网的介入,使保持文化多样性和反对"文化帝国主义"的斗争变得更加复杂。美国学者丹尼尔·贝尔曾经这样说:"思想和文化风格并不改变历史——至少不会在一夜之间改变历史。但是它们是变革的必然序幕,因为意识上的变革——价值观和道德伦理上的变革——会推动人们去改变他们的社会安排和体制。"②

---

① 王纪申.习近平青年价值观论述[J].理论观察,2020(7):5-9.

② 王改霞.浅议新世纪社会主义核心价值观的构建[D].西安:陕西师范大学,2010.

4.1.2　可行性

1)研究生社会主义核心价值观教育协同机制构建的学理依据

社会主义核心价值观为研究生社会主义核心价值观教育协同机制的构建提供了理论基础。社会主义核心价值观作为全民族、全社会遵循的最基本的、最核心的准则,源自中华优秀传统文化并代表了中国时代创新的要求,是中华优秀传统文化在新时代的具体体现,是新时代中华人民共和国新力量的高度凝练和集中表现,体现了当代中国人民的核心价值追求①。中共中央办公厅印发的《关于培育和践行社会主义核心价值观的意见》指出,"三个倡导"的 24 个字是社会主义核心价值观的基本内容,它们相互联系、相互贯通、有机统一,共同构成一个整体,为培育研究生社会主义核心价值观的实施提供了基本遵循。对研究生进行社会主义核心价值观教育,要把社会主义核心价值观所包含的三个层面的内容,即国家设定的价值目标、社会选择的价值取向、个人选择的价值标准进行融合,进行全方位的教育。

心理接受机制为研究生社会主义核心价值观教育协同机制的构建提供了理论支持。接受,是一种人的认同行为,对事物容纳而不拒绝,是教育实践活动中最常见、最普通的现象之一,也是教育活动中不可缺少的重要环节。从德育角度来看,接受,是研究人类的思想文化产品与其认识者之间关系的范畴,它标志着人们对语言象征符号表征出来的思想文化客体信息的选择、解释、理解和整合以及运用的认识论关系和实践关系;从心理学角度来看,接受是指受教育者主动寻找外来信息,接受外来信息,并按一定的心理结构进行内化的过程。机制,指一个工作系统的组织或部分之间相互作用的过程和方法。机制是基于事物各个部分而存在的,因为只有事物存在各个部分才能涉及如何协调各个部分之间的关系问题;协调各个部分之间的关系一定是一种具体的运行方式;模式以一定的运作方式把事物的各个部分联系起来,使它们协调运行而发挥作用。接受活动过程中,接受主体在与接受客体和接受中介互动过程中的组织机构,功能状态、运作原理和规律性变化体现出的一系列心理规律、特点。研究生社会主义核心价值观教育协同机制,即在开展研究生社会主义核心价值观教育活动中,接受主体(研究生)在接受中介(教育活动、大众媒介等)的作用下,将接受客体(社会主义核心价值观)内化为自身价值追求并实践成主动行为过程中所呈现出的一系列要素的心理结合状态、心理运作过程和心理规律性变化。接受主体和接受客体在中介的作用下连接起来,并相互影响、作用,拓展延伸了研究生社会主义核心价值观教育的内涵和范围,从而使研究生社会主义核心价值观教育得以展开,教育者在接受中介这个复杂的系统中占据着主导地位,研究生是接受中介中的目标群体,而心理接受机制就是要在接受中介中发挥作

① 张博宇. 中华优秀传统文化涵养社会主义核心价值观研究[D]. 大庆:东北石油大学,2019.

用,增强接受效果。

2)构建研究生社会主义核心价值观教育协同机制的可行性

一是它精辟地概括了当代研究生价值观的核心内容。研究生价值观的内容可以是丰富的,但社会主义核心价值观必须处于核心地位,对认识主体的价值尺度、价值取向、价值追求产生最重要、最深刻、最广泛影响的价值观。伟大的事业需要伟大的精神,伟大的事业需要强大的动力,推进和发展中国特色社会主义,需要有强大的力量支撑和动力支持,需要始终保持奋发有为、坚持不懈的精神状态。研究生作为我国未来建设的生力军,社会主义核心价值观在引领着中国特色社会主义发展方向的同时必须处于核心地位。

二是它反映了研究生主体价值目标的普遍要求。研究生是一个具有多样性、差异性价值目标追求的群体。社会主义核心价值观的内容包括了对全体研究生的基本要求,只要是研究生,都可以用社会主义核心价值观来要求自己,作为自己言行举止的衡量标准,保证研究生社会主义核心价值观教育的可行性和有效性。

三是它注重了社会价值目标与个体价值目标的一致性。任何国家、民族、社会、群体在一定历史时期都有自己的居于主导地位的价值目标。同时,任何社会的个体都有自己的价值目标。一般来说,社会价值目标制约着个体价值目标,只有与社会所主导的、符合历史发展规律的价值目标相一致的个体价值目标,才有可能得到充分的实现。违反社会价值目标的个体价值目标往往很难实现。研究生社会主义核心价值观教育很好地把社会主义社会的核心价值目标与当代研究生的主要价值目标有机结合起来,构成了现实的、具体的、可行的价值目标内涵,增强了价值观的科学性和实现价值目标的可能性。

四是它突出了主流价值导向。价值导向,是被社会群体或个人确定为追求方向的价值取向,任何国家和社会都有自己的主流价值导向。学校是按照一定的社会要求和人才成长的规律,有计划、有组织地对教育对象施加定向影响,使其达到培养目标的社会活动。引导学生树立一定社会需要的价值观,是古今中外一切学校教育的重要内容。中国是一个社会主义国家,高校教育的一个重要任务就是要引导研究生树立社会主义核心价值观,使培养出来的人才适应建设、巩固和发展社会主义事业的需要。把社会主义核心价值体系的要求与研究生的实际相结合,既充分考虑了研究生的特点又突出了国家的主流价值导向,体现了价值观教育的引导性功能。

4.2 研究生社会主义核心价值观教育协同机制构建的理论视阈

从学理和内在逻辑上看,构建研究生社会主义核心价值观教育协同机制,应采用历史、现实与未来相结合的立体维度，从接受主体、接受客体与接受中介的角度，综合各方面相关学科的知识，形成全面合理的理论基础。“协同”指事物或系统在联系和发展进程中各要素之间的有机结合，强调不同资源或个体之间协同一致地完成某一目标的过程或能力。①协同的结果使事物各方都能获益，事物整体也得到加强。反之，在一个系统内，若事物各方不能很好地协同，这样的系统必然呈现无序状态，发挥不了整体功能而终至瓦解。要使研究生社会主义核心价值观教育的时效性得到充分体现，传统的“填鸭式”教育是不可取的，要充分协调各子系统之间的关系，使其相互作用，同向发力，找准起决定作用的关键因素，并且系统及各子系统均保持开放性以充分交换信息及资源，以此构建合理可行的研究生社会主义核心价值观教育协同机制，统筹各个要素、整合各种资源、协同各方力量，通力协作、优势互补就能发挥出“整体大于它的各个部分的总和”的协同效应。对任何一种教育而言，首要的是受教育者对其的接受，研究生社会主义核心价值观教育协同机制的构建，其理论根基源于接受理论。研究生对社会主义核心价值观的接受，是指在研究生社会主义核心价值观教育过程中，接受主体出于自身需要，在教育者的主导下，在特定的接受情景中，通过接受媒介对接受客体进行认知、认同、内化、外化等诸阶段构成的、连续的、完整的活动。接受理论在教育界有着重要的地位和影响，对我们研究研究生的价值观，构建合理有效的协同机制具有重要的作用。

4.2.1　接受理论简述

西方学术界对“接受”问题的关注并非发端于教育界，而是始于古希腊的“解释学”(Hermeneutics)和由此发展起来的接受美学。19世纪末，德国哲学家狄尔泰在继承施莱尔马赫把狭义解释学发展成为哲学认识论和方法论的基础上，融入了历史学和心理学方法，使古典解释学发展到顶峰。而到了海德格尔和伽达默尔，则发生了“第二次哥白尼式的革命”，实现了解释学本体论的转折，并使古典解释学跨入现代解释学阶段。20世纪70年代初，作为解释学在文艺领域的直接延伸，以研究文艺作品的接受问题为中心的新一派文论——“接受美学”(Reception Aesthetics)在前联邦德国首先发展起来。其理论先锋H. R·姚斯对接受美学的基本理论作了系统的阐述。他一反以往文学史只注意作品和作家的传统，强调读者对作品的重要意义，认为作品本身如果不经过阅读和理解就没有任何意义，成为没有生命的、死的语言材料。正是读者的阅读赋予了作品意义和价值。尽管接受美学在本质上也是一种消解哲学，但它对接受现象的重视是颇有意义的。

20世纪40年代在美国发展起来的“传播学”(Communication)中的受众理论，率先对教育接受活动，尤其是以大众传播方式进行的教育中的接受活动展开研究。美国传播学者关于大众传播对受众(接受者)的影响和作用的认识大致经历了“靶子论”—“影响有限论”—

① 焦连志.社会主义核心价值观与中华优秀传统文化教育协同机制研究[J].中国高等教育，2020(6)：34-36.

“社会类型论”三个阶段。早期的传播学者过分夸大传播工具的作用，把听众看作是毫无防御能力的“靶子”，处于完全消极、被动的地位，而传播者与媒介具有不可抗拒的力量，此即所谓的“靶子论”。然而，通过研究人们发现，受众对传播信息接受的状态受主体性因素的制约，因而外部传播对受众的影响是有限的，这就是所谓的“影响有限论”。对传播积累效应的研究表明，大众传播和受众的反应总是与多种社会因素交织在一起。特别是受众，因年龄、性别、种族、文化水平、职业、信仰、政治、经济地位等方面的差异，分为不同的类型。属于同一社会类型大群体内的受众对同一内容的反应基本一致，并以大体一致的方式去选择大致相同的大众传播信息内容。此即所谓的“社会类型论”。在此基础上，约瑟夫·克拉伯提出了接受者心理上的三种选择因素：一是选择性注意，二是选择性理解，三是选择性记忆。相较而言，传播学的受众理论侧重在更加具体的层面上研究“接受”问题，不像解释学和接受美学那样过于抽象，它还同自然科学建立了有机的联系，把定量分析与心理学方法引入了接受理论研究，使其结论更具操作性。

在教育心理学界，以奥苏伯尔为代表的认知心理学家也曾把接受作为一个重要的范畴引入其理论体系，把学习分为接受式学习和发现式学习两大类，从学习材料的逻辑意义、组合形式和学习者的学习意向等方面探讨有意义学习的接受条件。

美国哥伦比亚大学著名的科学哲学家莱维教授和凯伯格、亨佩尔等人正在致力于知识接受理论的研究。他们研究的重点是运用归纳逻辑探讨知识接受的条件。

4.2.2 接受机理理论

作为接受机理，其主要体现出一种具有规律性的变化系统。作为建立在教育者与受教育者间的社会主义核心价值观教育接受机理，接受主体接受社会主义核心价值观内容以及相关客体信息并践行，思想接受的大脑运行机理可作如下解读。

1）反应状态

接受主体的感觉系统，对施教信息做出的大脑反应，移入大脑，使外来信息在主体意识中再现，形成相对应的观念形象，这是接受活动的起始环节，是思想接受的准备阶段。

2）接受状态

大脑把外来信号所具有的物理能量转化为思想信息予以接受，但并未涉及思想信息的潜在意义，并未注意其信息意义的不确定性。接受状态受其心理准备状态的影响。

3）解读状态

对已接受的思想信息作出自己的解读，这是对外来思想信息的对应状态，这是由感性反应向理性反应的过渡，即产生第一印象。对外来信息的解读，以需要为基础，以认知为基础，也是双因素。

4）**筛选状态**

这是接受、解读后对外来思想信息的分解、选择过程，这是接受主体的理性反应。接受主体根据对信息的解读与自身的需要，对施教信息进行筛选、过滤，进入思想库。接受主体各有不同的筛选标准。

5）**整合状态**

即对外来的信息的容纳、加工与整合，进而产生自己思想的重构过程。只讲新思想的获得，而忽视新知与已知的整合、重构，则思想接受难以到位。一般来说只有外来信息与已有知识产生谐振，在思想自组织规律的作用下，才能产生新知。

6）**化解状态**

外来思想信息经过加工整合，转化为自己新的思想认知结构以后，接受活动并未停止，后续接受活动仍在进行。一是内化，经过接受主体的自省、反思过程，内化为情感，融入意志、信仰等主体意识，使认知深化，出现稳定性的思想状态。二是经过社会生活的验证，转化为社会行为方式，在劳动、交往、生活的各个方面表现为行为习惯，转化为接受新知的预备状态。三是外化，融入人群、社会，影响周围人，扩散为社会意识和行为，表现为新的思维释放与吸纳。

4.2.3　新时期研究生接受心理的新特点

1）**研究生接受心理的趋利化**

物质利益是人类生存的基础，也是人们进行其他社会活动最基本的条件，马克思主义认为，人们奋斗所争取的一切，都与他们的利益有关。随着改革开放的深入发展，物质利益原则逐渐被承认，人们开始重视物质利益，并将其作为调动人们积极性的手段，特别是随着社会主义市场经济的发展，使物质利益观念空前膨胀和突出，追求利益最大化是市场经济的基本准则，市场经济的发展，必然造成人们思想活动的趋利性。近年来在研究生中悄然兴起的盲目的趋利性严重侵蚀着其心理健康，长此以往，对中华民族的复兴和社会主义事业都有巨大的危害。

2）**研究生接受心理的独立性**

随着社会主义市场经济的发展，人们逐渐由“单人”向“社会人”转变，这些都潜移默化地增强了人们自主、自立、自强等意识。随着我国的民主法制建设，特别是基层民主的推进，人们的民主意识不断增强，思想活动的独立性进一步强化。这就要求思想政治工作尊重研究生的个性，采用民主的方法做好说服引导工作，引导研究生正确处理民主和法制、自由和纪律的关系,反对无组织无纪律的自由主义和不受任何约束的自发行为。

3)研究生接受心理的多变性

人的思想从来就不是一成不变的,总是随着社会实践的改变而改变,在社会转型时期,思想活动的变化则显得尤为突出。当前研究生思想活动的多变性,正是由目前我国正处在社会大变革和转型时期决定的。这就要求思想政治工作增强敏锐性、洞察力和针对性,随时关注研究生思想变化的最新动向,及时洞察苗头性的问题,以科学的预测性和灵活多样的工作方法去适应研究生思想活动多变性的特点,引导研究生随着社会实践的深化,不断补充、修正、丰富自己的认识,使研究生的思想向积极健康的方向发展。

4)研究生接受心理的选择性

随着现代科技的发展,信息传播工具和传输手段越来越多,现代传媒加上传统传媒,为人们提供了大量的信息,形成了一个巨大的信息"买方市场"。随着人们活动独立性的增强,这种选择表现为一种自主性选择。人们的接受心理和被选择对象的吸引力直接影响着人们的思想选择。人们思想活动选择性的特点为思想政治工作提出了更高的要求,这就需要思想政治工作增强"阵地"意识,一方面要研究研究生的接受心理,利用现代科技手段增强主渠道信息的吸引力,另一方面对一些错误的思想观念要旗帜鲜明地进行有说服力的反击和批驳,不能放任错误思想观念的蔓延和传播。

5)不同社会环境下研究生接受心理的层次性

不同地域、不同文化层次、不同生活环境的研究生,其接受心理会产生较大差异,有些甚至迥然不同。而社会经济的快速发展,社会的大变革和社会结构日益复杂,使得这种差异性更趋明显。比如城市研究生和农村研究生的差别;生活在先富起来的家庭的研究生与其他研究生的差异,都值得思想政治教育工作者认真去发现,并根据不同的情况因材施教。

6)研究生接受心理的非理性

非理性是指对问题缺乏理性的思考,对任何事物抱一种无所谓的态度,不讲原则;或处理问题感情用事,情绪处于一种浮躁状态。转型时期社会经济发展处于不稳定状态,给人们的心理情感造成极大的压力,使一些人产生强烈的孤独、焦虑和不安情绪。这就要求思想政治工作努力提高教育和引导的质量,用改革开放以来大量生动具体的事例去唤起人们的理性思考;把我们工作中的成绩、前进中的问题实事求是地告诉研究生,引导他们一分为二地去分析问题;把研究生的情绪变化作为思想政治工作的"第一信号",及时去关心、体贴和疏导、减轻他们的心理压力,及时化解不良情绪,消除不稳定因素的影响。

4.3　研究生社会主义核心价值观教育协同机制的构建原则

构建研究生社会主义核心价值观教育协同机制，必须探索符合实际情况的工作原则，以促进教育的有效性和实效性，全面统筹、协同推进高校社会主义核心价值观教育工作，进而实现教育目标。

4.3.1　主体性与主动性的统一

主体性。所谓主体，从哲学层面而言，即对客体有认识和实践能力的人、实践的对象，为属性所依附的实体。接受活动非常明显的一个特征就是强烈的主体性，主体是从自己的内在需要、利益、愿望、爱好出发，对所感受到的信息做出抉择。由于研究生的理性思维能力已经初步形成，自身思维已经呈现出一定的独立性和批判性，越来越习惯于根据自己的思维把握事物的内在联系，独立思考，得出自己的结论，因此体现出主体性的特点，如他们愿意接受真理，注重情感、崇拜偶像、敢于创新的心理特点。主动性，即研究生由于自身心理需要，在心理接受的活动过程中表现出来的主观能动性。研究生是社会主义核心价值观教育接受的主体，他们能否主动地应答，主动选择、主动思考是社会主义核心价值观教育的关键。研究生在社会主义核心价值观教育中的接受活动，是从研究生的自身需要、利益、愿望、爱好出发，伴随主体意识的发展变化，从内心体验开始对社会主义核心价值观进行逻辑推理、分析论证、做出判断，而后做出主体选择，因此体现出主体性的特点。同时，研究生由于自身心理需要，在心理接受的活动过程中也表现出一定的主观能动性。因此，应该在科学的教育引导下，通过形式多样、内容生动形象的活动让他们自由、平等、民主地参与，激发他们的主体性和主动性，开展社会主义核心价值观教育。

4.3.2　长期性与反复性的统一

从心理学角度讲，接受主体从接触到内心真正接受一种理论、观念是一个从低到高、从部分到整体、从外表到内心的长期过程，不是立竿见影、一蹴而就的，甚至需要一个较长“时间段”。这就决定了研究生社会主义核心价值观教育的长期性。反复性，即研究生理解认同社会主义核心价值观教育需要长期不断、多次重复、较长时间才能完成。研究生的价值观正处于由不成熟迈向成熟的阶段，尚未形成一个相对完整、稳定的价值观体系，其中一个明显特征就是情绪起伏波动大：高兴时，热情奔放、情感浓烈，没有丝毫掩饰；伤心沮丧时，则情绪低落、抑郁消沉。而社会主义核心价值体系既包含政治意识形态，又包含思想观念、价值取向和道德操守，是一个逻辑严谨、层次分明的价值体系。社会主义核心价值观是对社会主义核心价值体系的高度概括和凝练,这就表明研究生在接受社会主义核心价值观教育时,研究生既需要根据自身的需要层次和接受能力逐渐认知和内化社会主义核心价值观,也需要跟随社会主义核心价值观的发展而不断更新接受内容。研究生社会主义核心价值观教育需要长期坚持,需要通过各种途径、各种形式影响研究生、感染研究生,接受活动必然需要经历一个逐渐认识、不断深化、曲折发展的过程,要充分考虑当代研究生心理接受的反复性,运用社会主义核心价值观的激励功能鼓励研究生在人生低谷时不消沉,积极奋进;在成绩面前,不骄傲自满,不断前进,这就表明了研究生社会主义核心价值观教育的长期性、反复性。

4.3.3　心理性和实践性的统一

社会主义核心价值观所蕴含的思想观念、政治原则和道德要求属于社会意识形态,整个接受活动反映出来的是一种知识、思想、文化的交流、传承。因此,研究生社会主义核心价值观教育是一种心理性、精神性的活动。同时,接受主体研究生接受的是一种以指导行为为目的,通过研究生个体的心理内化,进而表现出一定的外化行为,并将这种心理内化的知识、思想、文化具体到日常的学习、工作和生活当中去。因此,研究生社会主义核心价值观教育是一种心理性和实践性的统一。

4.3.4　多样性与差异性的统一

随着社会的发展,在经济全球化浪潮的席卷之下,各种价值观相互冲撞,研究生的价值观明显呈现出多元性态势,各种社会思潮、文化意识、价值观念、生活方式等,通过各种媒介渗透到高校,刺激着当代研究生细腻敏感的神经,因此,研究生社会主义核心价值观的表现形式多种多样,以歌曲、影像、文字、图片等形式出现。同时,由于研究生个体的差异,如认知水平、情感体验、价值观取向等个体差异,在开展研究生社会主义核心价值观教育的过程中,也受到上述因素的影响,体现出差异性的特点。由于个体接受水平的差异性,研究生社会主义核心价值观教育形式途径的多样性。因此,研究生的接受心理也体现出多样性与差异性的统一。

4.3.5　核心性与时代性的统一

社会价值观念的多元化是社会常态,但是不能由此导致社会价值观念的混乱。社会的稳定和发展需要社会多元价值观念的有序。而社会多元价值观念有序的一个重要前提,就是必须形成具有内在统一性的若干个占主导地位的社会价值观念,从而对其他社会价值观念予以引领。这就要保证社会主义核心价值观的核心性。而按照马克思主义发展观的理论,任何事物都不是一成不变的,任何真理都具有其时代特征,也会随着时代的发展而不断发展。所以对社会主义核心价值体系的学习和认识,对研究生进行社会主义核心价值观教育,也应保持与时俱进,充分尊重其时代性的特点。因此,构建研究生社会主义核心价值观协同机制应遵循核心性与时代性的统一。

4.4　研究生社会主义核心价值观教育协同机制的构建方案

研究生社会主义核心价值观教育协同机制主要由接受主体、接受客体和接受中介三部分内容构成。

4.4.1　接受主体

接受主体即接受者,在研究生社会主义核心价值观教育活动中,即接受社会主义核心价值观的研究生。接受主体是人,但不等于人。“人并非都是主体,只有在与一定客体的关系中通过自己的自觉能动而获得对客体的主动态势,发挥出能动的积极作用并取得支配地位的人,才会成为主体。”在实践中,接受主体之所以成为主体,在于他的实践活动,因为主体和客体的关系,从根本上说,是主体的活动与活动对象的关系。在研究生社会主义核心价值观教育活动中,研究生是现实的、生动的、多样的,具有鲜明的心理接受特征。

接受主体主要指受教育者,即研究生。接受主体的社会主义核心价值观教育,本质上是一种接受活动,是接受主体(研究生)基于自身的思想基础和内在需要,通过自己的积极行动,能动地选择、接受教育的影响并进行自我教育的过程。接受主体的接受活动由注意信息、保持信息、接受信息、心理内化、改变认知、转变态度、影响行为七个环节构成。接受信息,即受教育者通过视觉、听觉等感觉器官选择性地接受外界的信息。接受信息后受教育者心理发生了内化行为,将自己所认同的新思想、新观念同原来的观念思想整合为一个统一的具有持久性的系统。接受的信息,经过接受主体的心理内化,进而造成态度发生改变,影响接受主体以后的外界行为。这七个环节相互影响、紧密联系,构成了接受主体的心理接受活动。

4.4.2　接受客体

研究生社会主义核心价值观教育作为接受主体的一种对象性活动,总是收到接受关系系统的另一级——接受客体的信息。接受客体是指在接受活动中,接受主体收到的接受对象。接受客体是外部世界中那些客观存在并被设定同接受主体相关联而被纳入研究生社会主义核心价值观教育活动接受系统结构,同接受主体一起发生了接受上的功能关系的社会主义核心价值观信息,包括事物、事件和现象。在研究生社会主义核心价值观教育中,接受客体是由具体的接受主体根据自己的接受图式和接受能力有目的、有选择性地进行。接受客体是一个复杂的系统,有许多构成因素、属性及规定性,因而客观上它的不同方面对接受主体的意义也不同;面对同一接受对象,不同的接受主体根据自己的接受图式、接受能力,从不同层面、不同角度、不同意义上选择接受客体。

接受客体即教学信息,决定着教育内容。即社会主义核心价值观的内容,主要包括四个方面:坚持马克思主义指导地位,坚持中国特色社会主义理想,以爱国主义为核心的民族精神和以改革创新为核心的时代精神及坚持社会主义荣辱观。这四个方面相互联系、相互作用,共同构成了社会主义核心价值观。

4.4.3 接受中介

从哲学层面讲,接受中介是指事物之间借以相互联系和相互转化的条件或中间环节。马克思主义哲学认为,世界上的一切事物都是相互联系和相互转化的,这种联系和转化只有通过一定的中介环节和条件才能实现。在研究生社会主义核心价值观教育活动中,接受主体和接受客体作为接受活动的两极,具有一般联系的特点,在两者之间,存在一个中介系统,我们称为接受中介,它把接受主体和接受客体连接起来并使之相互影响和相互作用,需要注意的是,接受中介是一个复杂系统,由若干要素构成,教育者在接受中介中居于主导地位。

接受中介的教育活动,主要由课内教学活动、课外团学活动、校园文化建设、网络教育基地建设、心理环境打造和社会实践活动六个部分构成。课堂教学是研究生社会主义核心价值观教育的主渠道、主战场。将社会主义核心价值观教育融入政治理论课、基础课和专业课教学活动,通过多种方式,触及研究生心灵、激活研究生意愿、转变研究生认知、改善研究生行为,提高教学实效性。主题鲜明、丰富多彩、寓教于乐的课外团学活动,可促进知行并重、知行统一的实现,提高研究生社会主义核心价值观教育的实效性。积极依托高校研究生社团,凸显社会主义核心价值观教育的主体,推进高校社会主义核心价值观教育,迅速占领研究生学习活动新阵地,促进研究生健康成长。校园文化建设,为研究生社会主义核心价值观教育提供了良好的、能动的文化氛围。网络教育基地的建设,让社会主义核心价值观的教育信息通过研究生喜闻乐见的网络平台实现了有力、有效的传递。我们组织的心系家乡、服务灾区、回报社会研究生心理健康服务团,以来自5·12汶川地震灾区的研究生为主体,以回到家乡为家人亲属邻居及所在社区开展心理服务为基本形式,将关爱家乡、关爱亲人的亲情与关注民生、服务基层、奉献社会的志愿者精神结合起来,将心系家乡的情感转化为心助家乡的实际行动,使研究生在社会实践中升华生命价值观,获得心理成长。

课内教学、课外团学活动、校园文化打造、网络教育基地建设、心理环境建设和社会实践六者相互渗透、相互影响、相互作用,构成了接受中介的教育活动的主要内容。

4.5　研究生社会主义核心价值观教育协同机制的运行方式

前一节介绍了研究生社会主义核心价值观教育协同机制分别由接受主体(受教育者)、接受中介(教育活动)和接受客体(教育信息)3 部分组成。那么这三者是通过怎样一个运行过程实现社会主义核心价值观教育的呢？本节将会对模式的运行作详细介绍。

研究生社会主义核心价值观教育协同机制运行图如图 4-1 所示。

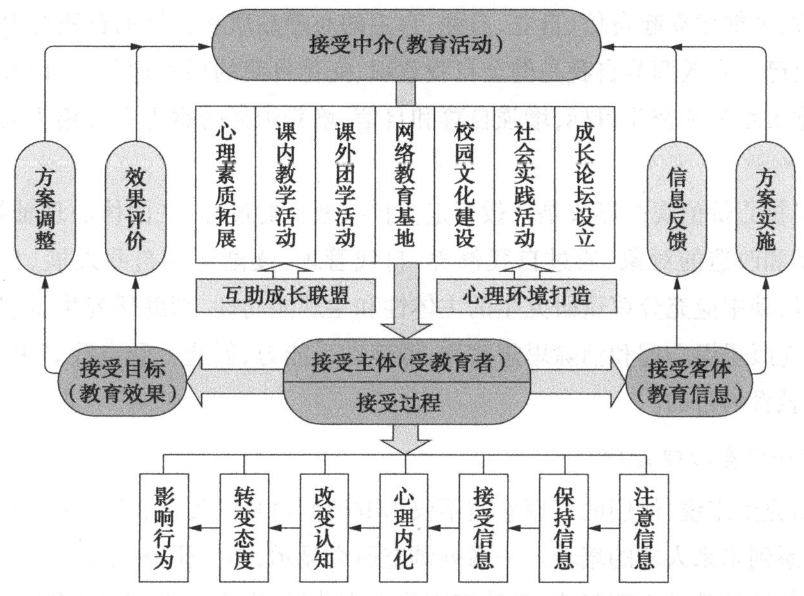

图 4-1　研究生社会主义核心价值观教育协同机制运行图

4.5.1　研究生社会主义核心价值观教育协同机制的实现路径

开展研究生社会主义核心价值观教育必须发挥各种因素的协同育人作用。需要从拓展心理素质、创新教学模式、丰富团学活动、营造校园文化、建设网络基地、开展社会实践等方面入手，突破教育过程中的各方面阻碍，推动研究生社会主义核心价值观教育在协同育人理念下不断进步发展，使育人效果进一步得到提升。

1)拓展心理素质，疏通接受渠道

在对研究生进行拓展心理素质、疏通接受渠道进程中，需要从培养研究生自我教育意识、提高研究生心理素质、优化研究生认知、发挥研究生主动性、对研究生实施心理训练等方面出发，搭建起研究生社会主义核心价值观教育协同机制在拓展研究生心理素质，疏通接受渠道方面的实现路径。

(1)培养研究生自我教育意识

①正确地认识自我。正确认识自我是建立、健全自我意识的基础,具体包括了解自我、评价自我和反省自我三方面内容。了解自我并能正确地评价自我,能在一定程度上控制自己、完善自己,并根据自己的实际情况制订适宜的努力目标。反省自我则可以通过内心的自我检查、自我分析、自我解剖,批判地看待和审视自我,对自己做一分为二的客观分析,从而更精确地发展、完善自我。

②接纳自我。接纳自我表现在既对自我有价值感、满足感和自豪感,又能以发展眼光看待自己,并能平静、理智地看待自己的优缺点,冷静地对待自己的得与失。既不以虚幻的自我来弥补内心的空虚,也不消极回避自身的现状,更不以虚幻哀怨、自责甚至厌恶来否定自己。只有这样,才能建立起自信、自立、自强、自主的心理品质和良好的自我意识。

③控制自己。有效调节自我是健全自我意识、完善自我的根本途径,可以通过根据自己的优势确定抱负水平和奋斗目标,增强自尊和自信,培养顽强的意志和性格来实现自己的人生目标。

社会主义核心价值观的形成是从教育走向自我教育的过程,在团体心理辅导中,通过把自身作为认识和改造的对象,通过自我修养、自我管理,逐渐达到自我发展、自我完善。因此,教育者在活动中应充分尊重研究生的主体性和主观能动性,帮助研究生认识自己的潜在能力和极限,克服恐惧心理和消除思想障碍,锻炼动手能力、创造力和自我管束能力,完善人格,达到自我教育的目的。

(2)提高研究生心理素质

对当代研究生来说,他们的心理素质不仅影响他们自身的发展,而且关系到全民族素质的提高,更关系到未来人才的培养。一系列调查研究显示,当代研究生在适应社会进步和社会发展中,最欠缺的就是心理素质,具体表现为意志薄弱、适应能力和自立能力差、缺乏竞争意识、缺乏自信心等。究其原因,这与教育中对研究生心理素质的培养和塑造有很大关系。在研究生中,有人因自我否定、自我拒绝而几乎失去行动的愿望和信心;有人因科研、恋爱受挫而产生轻生念头或自毁行为;有人因人际关系不和谐而逃避群体,产生自我封闭行为。为预防和改善研究生这类心理问题,有必要对研究生群体展开心理素质拓展训练,营造相互接纳、相互支持、相互信任的团体气氛,让研究生在实践活动中能开放自我、超越自我,从而挖掘自身潜能,肯定自我价值,提高自信心;让研究生在心理素质拓展活动中形成正确的、健康的心理,进而增强抗挫折和突破的能力,避免或消除种种心理问题;让研究生在相互冲突的价值观念和生活方式中能进行明智的选择,进而培养研究生构建积极向上的心理素质,最终为研究生在接受社会主义核心价值观教育中奠定良好的、健康的心理基础。

(3)优化研究生认知

人的心理结构是一个有机整体,其中认知是核心。在认知基础上产生的思想观念是支配和制约其他心理要素的主导力量，是情感、意志、信念形成发展的必要条件。心理认同就是一种情感、态度乃至认识的移入过程，是一种态度的变化过程。“社会主义核心价值观的教育过程既是一种‘外炼’的过程，同时也是一种‘内化’的过程。”一般来说，大众接受某一价值观的过程先是被动地从表面上转变自己的观点和态度，再慢慢地过渡到自愿接受价值观中的观点和态度，并据此不断修正自己的信念与行为，最后达到真正从内心深处相信并接受这一观点、内容，同时，不断地将新接受的思想、观点、内容纳入个体的认知体系中，逐渐内化，演化成自身体系中的一个重要有机组成部分。

研究生正处于世界观、人生观、价值观趋向成熟的关键阶段，在知、情、意、信、行等心理品质和特征上表现出许多过渡状态。因此，需要发挥各方面的综合力量，对研究生展开心理素质拓展活动，在心理素质拓展活动中提升研究生的知、情、意、信、行等心理品质和能力素养，帮助研究生培养健全的人格、积极的价值观，激发研究生对社会主义核心价值观的心理认同感。

(4)发挥研究生主动性

在现实社会中，研究生社会主义核心价值观教育还存在许多亟须提升的地方。探究其背后的原因，其中一个重要的原因就是在教育中，忽视了研究生的主体性，忽视了研究生的自身内化接受与自觉体悟。在这样的教育背景下，就会出现忽视研究生的个体积极性、忽视研究生个体发展的现象，长此以往，就会在一定程度上阻碍研究生的成长和发展。在现实教育活动中，不少教育工作者仍沿袭传统的价值观教育模式，仅仅把社会主义核心价值观教育内容作为一种理念和思想传递、灌输给研究生，不少教育工作者只抓住了价值观最高的一个层次，要求研究生具备“大公无私”“公而无私”等层面的品质，这就犹如把培养研究生这一过程视为在培养道德家、圣人的过程，这种培养在一定程度上就把研究生自身的学习和成长忽视了，更严峻的是这种过于完美的期望目标会导致研究生或因目标的高不可攀而丧失追逐的勇气、信心，或因理论与现实的巨大差距而陷入怀疑和迷惘的泥潭。教育工作者所宣扬的道德、价值观念等往往给研究生留下“假、大、空”的印象，这样就使得科学多元、内涵丰富的社会主义核心价值观教育内容在研究生心中变成了空中楼阁、天边浮云、海市蜃楼。因此，在对研究生实施社会主义核心价值观教育时，教育工作者应确立切实可行的教育目标，立足研究生的主体地位，把社会主义核心价值观内容转化为研究生社会性发展的需求。心理学研究表明，个体的社会性发展包括情感发展、自我了解和社会理解、道德发展等方面。所以，要发挥教育工作者的作用，通过教育工作者的力量，促使研究生在心理素质拓展的影响下重新认识自我、探索自我、激发自身的社会性需求，帮助研究生更加客观地了解自身，从而把自身的发展需求与社会主义核心价值观教育内容紧紧联系在一起，根据自己的需要有选择地将社会道德规范、价值观念等“内化”为个体需要，再“外化”为个体行为；在此基础上，进一步调动自己在社会主义核心价值观教育活动中的积极性和主动性，进一步强化自己的理想信念，增强自身的群体参与感和责任心，在社会实践中实现自己的人生价值。

(5)对研究生实施心理训练

拓展心理素质、疏通接受渠道，不仅需要提升研究生群体的心理素质，还需要在更深的层面对研究生群体给予团体的心理训练，对研究生开展心理接受性、开放性训练。精心设计的“心相约·心相通”“心探索·心溯源”“心成长·心飞翔”三个板块内容对研究生的心理素质进行拓展训练，“心相约·心相通”是通过一系列的活动使小组成员相互认识并初步了解，促进小组成员对团体的了解并融入团体，学会在团体中与人交往。“心探索·心溯源”主要是强化研究生的自我认识，使研究生能对个人自我概念和社会概念整合统一，并能够客观地评价自我，实事求是地看待自己的优缺点，悦纳自我，并在此基础上更清楚地认识自己未来发展的可能性，确定合理的自我理想和正确的价值取向。“心成长·心飞翔”主要是帮助研究生树立正确的价值观，增强自我方向感，凸显社会主义核心价值观在研究生群体中的作用。在这三个板块的合力作用下，努力提升研究生接受新观念的主观能动性，并为研究生学习和践行社会主义核心价值观教育奠定良好的心理基础。

2)创新教学模式，提高教育实效

在实施研究生社会主义核心价值观教育协同机制时，需要创新教学模式，发挥“课程思政”与“思政课程”协同育人作用，多维度出发创新教育教学模式，多角度出发提升教学实效，进而提高教育实效。

(1)发挥“课程思政”与“思政课程”协同育人作用

①协同课内学习与课外体验，推动教学模式创新。就研究生学习来说，无论是思政理论元素、课程思政元素，还是社会主义核心价值观教育元素，都是学习和记忆的内容，但如果理论性知识刻板地停留在头脑中，就起不到影响行为、塑造品格的作用，教学就达不到立德和树人相统一的目的。思政教育内容，尤其是社会主义核心价值观教育的内容存在理论性强、概念原理较为抽象的突出特点，因此，短暂的课堂讲授只能让学生形成知识记忆，而使理论知识转化为思想和行动，还需要情感认同和亲身体验。在这种情况下，作为整合知识传授和价值引领重要方式的课外实践活动，就对课堂教学起到非常大的辅助作用。实践让思政教育中的社会主义核心价值观教育内容回归到“有血有肉”的经验世界，以丰富多彩的情感体验、心理感悟、意志磨炼等方式，达到研究生社会主义核心价值观教育良好的育人效果。将课上学习与课下学习协同起来，通过对研究生进行社会主义核心价值观教育专题讲座、案例研讨、辩论演讲等课下教学活动，将课上习得的思想观点、原理方法在实践中学以致用。同时，在研究生社会主义核心价值观教育中实现校园学习生活与社会实践活动协同作用，通过志愿服务、调研参观、见习实习等活动，把社会主义核心价值观教育内化于心、外化于行，达到知行合一。

②整合“思政理论”与“课程思政”价值元素，推进教学内容创新。在研究生社会主义核心价值观教育过程中，教学方法和手段创新固然重要，但决定教学效果的主要因素仍然是教

学内容。在形式与内容的辩证关系中，内容是主体和基础，而思政教学必须坚持“内容为王”。当前，高校思政教育，尤其是对研究生进行的社会主义核心价值观教育面临着国际环境复杂多变、文化思潮多元碰撞、信息言论渠道众多等多方面挑战，一些研究生在思维、心理、情感等方面表现出较强的独立性和叛逆性，因此，思政教学中存在的核心价值观教育因素如果仅限于书本或理论层面，或者不能贴近研究生实际生活、满足个体需求，就会给人“高高在上”“枯燥无味”“纸上谈兵”的感觉，难以让研究生形成心理共鸣。在思政课教学中存在的社会主义核心价值观教育要想“有意义”，首先要“有意思”，要想“讲道理”，首先要“有道理”。因此，教学内容创新就是把“富强、民主、文明、和谐；自由、平等、公正、法治；爱国、敬业、诚信、友善”与中国特色社会主义理论相结合，与社会主义建设和改革开放的实践相结合，与远大理想的树立、脚踏实地的学习相结合，要把对研究生道德品质培养同身边真人小事相结合，用中国声音讲好中国故事，用中国故事讲清新时代核心价值观，用新时代核心价值观理论夯实研究生的理想信念。除此之外，还要大力挖掘各类专业课中的思政元素、蕴含的社会主义核心价值观元素，要切忌生搬硬套、牵强附会，要开阔思路，紧紧贴合专业知识和专业背景，将人、物和事件背后蕴含的价值观念显性化，用研究生能够理解、易于接受的形式予以呈现。如针对计算机专业的研究生，可以在“计算机系统结构”课上，教师可结合时事热点和自身经历，将身边的人和事自然融入课程教学，让学生在不知不觉中了解学科发展的历史、科学家的批判和创新精神，了解国家、学校在这些领域的贡献和存在的问题，激发学生的研究兴趣。

（2）多维度出发创新教育教学模式

①教学思维。要体现出现代教育的新理念和新思想，用新的教育理念和思想指导立体化教学活动；围绕思想政治理论课的特点和教学规律，以研究生社会主义核心价值观教育为目标，构建全方位、多层次和多元化的教学模式。

②教学角色。在社会主义核心价值观教育的课堂教学过程中，教师与研究生的关系是二元一体化的统筹关系。首先，应当承认研究生在教学认识中的主体地位。事实上，作为认识的主体，部分研究生往往将教师所传授的价值观内容在大脑中进行选择和加工，选择那些自己认为有兴趣、有价值的知识点，排斥那些他们认为无用的知识点。如果教师在教育、教学过程中，没有积极引导研究生主动参与教学活动，通过情境体验来最终获得正确的价值认识，那么教师的教学将会是失败的。

其次，我们也不能因为强调研究生在教学中的主体地位就忽视教师的重要引导功能。研究生在教学中的主体地位是在教师主导下逐步确立的。作为教学认识的主体——研究生，其年龄在 23 岁左右，他们具有一定的认识能力，但又尚未定型。相对于研究生群体而言，思想政治理论课教师作为教育者、作为社会主义核心价值观的传道者，占主导地位。他们从事教学活动，通过教学引发研究生不断思考、吸收理论知识，引导研究生树立正确的政治方向，进而帮助研究生形成正确的价值观念。

③授课模式。立体化教学模式在授课模式上主要表现为问题式教学、启发式教学和开放式教学。

第一,问题式讲授法:要在教学中加强社会主义核心价值观教育的实效性,必须理论联系实际,解决研究生普遍关心的社会问题和他们自身的思想认识问题。要逐步从直线式的理论灌输向解决研究生实际问题的动态模式转变。选择社会生活中具有代表性的重大现实问题,以问题切入式的教学方法提高研究生对社会主义核心价值观问题的认识度和接受度,提高研究生价值选择的能力。

第二,启发式教学法:运用启发式教学,需要教师着眼于刺激和调动研究生内在的动力和积极性,在讲授过程中有意识地引导研究生思考、自学,促使其主体性功能的发挥,让研究生自己有一个思考和选择的过程,以此加深研究生对所学理论的认识,让他们在坦诚的讨论中得到启迪,在独立思考中有所提高,在共同参与中接受社会主义核心价值观教育。

第三,开放式教学法:开放式教学要求调动研究生主动参与教学过程的积极性和主动性,加强师生之间、研究生之间的立体化多向交流,激发研究生的个体能动性,扩大思想活动的开放度。比如开展设计一定的情境,在教学中将抽象的原理融入生动的情境中,让研究生通过体验角色来领悟知识,从而达到良好的教学效果。教师最大限度地减少一个人说话的时间,最大限度地满足研究生课堂表现的需要。

④教学组织。立体化教学模式最重要的一个环节就是互动——目标教学法,也就是以研究生为中心、以课堂中的人际互动为主要手段,引导研究生在人际活动中继续接受学习的教学模式。在课堂教学中,直接参加人际互动的主体有三种,即教师个体、研究生个体及研究生群体。对这三种主体加以两两组合,就可以区分出多种互动类型。其主要分为两大类。

一是"师生"互动式。师生互动分为教师个体与研究生群体之间的互动、教师个体与研究生个体之间的互动。其中教师个体与研究生群体之间的互动是最常见的课堂人际互动,课堂教学的大部分时间和大部分内容都表现为教师个体与研究生群体之间的互动,诸如组织教学、课堂讲述、课堂提问、课堂评价、课堂练习等。教师个体与研究生群体之间的互动多半是单向的。而教师个体与研究生个体之间的互动,是最能影响研究生的互动,它主要存在于课堂教学中的提问与应答、要求与反应、评价与反馈,以及对个体进行辅导、眼神交流、直接接触等过程中。教师对研究生个体的积极、肯定、富有启发性的互动行为,无疑会促进课堂教学效果和研究生价值认识及其选择能力的提高。

二是"生一生"互动式。研究生个体之间的互动也是影响教学效果的重要因素,最常用的互动方式有两种:第一,合作学习。在研究生自愿的基础上,划分学习小组。小组成员在明确任务之后进行合作探究。比如小组成员共同努力写出教案、调查报告及课堂讨论的发言稿;讲课中的查资料、制作课件、上讲台,调查报告中的确定主题、设计问卷、发放及回收问卷、数据统计、问题分析、版面制作设计等,就是研究生动手、动脑、动口的实践过程。研究生将学习成果在课堂中展示,让研究生之间在课堂上互相交流学习。第二,研讨式教学。研讨式教学是创新教学的一种模式,就是在教师的指导下,将研究与讨论贯穿于教学过程中。由研究生主动提出问题、思考问题、解决问题，并从中获取知识和能力，每个研究生都必须自主地去寻找学习之路。研讨式教学中的每个环节都是从研究生能力培养和素质提高入手，在一定程度上可提高研究生的各种能力，挖掘研究生内在潜能。

总之，课堂教学中的人际互动过程是直接影响教学效果的重要因素，研究生在课堂教学这一社会情境里，通过与他人的交往和相互作用、学习价值目标和社会规范、认识和处理各种社会关系，从而形成社会主义核心价值观。

⑤教学评价：创设以教定学和以学促教的双向评价体系。教学评价作为课堂教学的必要环节，对提高教学效果有着重要作用。首先是诊断作用。研究生通过教学评价，根据结果的对比，可以正确估计自己所获得的价值选择水平。其次是强化作用。教师把评价结果以恰当的方式告诉研究生，有利于激发研究生的向上精神，促使研究生在继续巩固已有正确认识的同时努力解决思想中的矛盾问题。再次，教学认识的检验还具有调节作用。根据教学评价和检验结果，教师修改原来的教学计划和策略，以促进下一步教学产生更好的实效。研究生依据教学检验的结果，可以调节学习计划和改进学习方法，从而提高学习效率。

这就需要建立一个以教定学和以学促教的双向评价体系。一方面，针对教师教学效果制定客观的评价标准，参照研究生对教师的评分情况，结合研究生学习过程和效果，考查教师是否以最优的速度、效益和效率促进研究生在知识与技能、过程与方法、情感态度和价值观上获得整合从而有效地实现预期的教学目标，实现社会主义核心价值观的渗透。另一方面，改变研究生传统单一、被动应考的客体地位，实现对研究生学习能力的完整评价。对研究生的考核与评价不应该局限于对教学结果的评价，而应将考核环节覆盖平时成绩和期末考试，既关注其学习结果，更关注其学习过程。通过对研究生的学习过程而不仅是学习结果的评价，促进其成长，还可以从社会实践活动、合作学习过程以及研究生的日常行为习惯表现中评价研究生的能力、情感、价值、态度，从而促使研究生在日常的学习、生活中注重能力、素质的培养和训练，以达到增强社会主义核心价值观教育实效性的目的。

综上所述，我们可以通过构建新的教学模式，对研究生社会主义核心价值观教育协同机制的课堂运行模式及其有效性进行积极探索和尝试。

(3)多角度出发提升教学实效

重视课堂教学的设计，丰富课堂教学内容，精心设计和组织教学活动，积极探索新的教学方式和教学方法，课堂教学是社会主义核心价值观教育的主渠道、主战场。高校在创新教学方式、尝试新型课堂教学形式时，将社会主义核心价值观教育融入思政课程教学中，通过一系列有吸引力的方式增强研究生学习的兴趣，提升研究生在课堂中的参与度，使研究生对课程思政教学产生兴趣；重视提高研究生在课堂上的积极性和主动性，使其逐步认同并接受社会主义核心价值观；多开展师生互动的教学活动进而提升自身的思想政治素养，比如可以采用翻转课堂的方式，让研究生成为传播思想政治知识的主体，鼓励研究生多交流、多探讨，让研究生相互分享所思所想，在沟通互动中总结学习心得。教师则在一旁予以指引和帮助，使研究生能够认同社会主义核心价值观,以及它所带来的积极作用,潜移默化地形成良好的思想政治素养。在教学过程中,以激活研究生心理接受意愿为突破口。在教学考核中,从认知、情感和行为等方面对研究生的接受程度做出全面考核,增强教育的凝聚力和吸引力,提高教育实效。构建研究生社会主义核心价值观教育协同机制,实现协同育人的同时要注重提高教师队伍自身的思想政治素养,加强教师对社会主义核心价值观的理解和学习,在教师深刻理解推行这种新型教育方式的重要性的情况下,才能最大限度地发挥协同育人的作用。这样通过育人方法的创新,才能推动教学实现育人目标。

3)丰富团学活动,延展教育时空

高校团学工作的开展,为研究生展现自我提供了平台。参与高校团学活动,是研究生培养兴趣爱好、拓宽求知领域、扩展交际范围、提升自身综合素质能力的重要方式,对弘扬和谐社会、打造和谐校园、丰富研究生的精神生活起着关键作用,通过主题鲜明、丰富多彩、寓教于乐的课外团学活动,在研究生中开展团日活动教育、文体艺术活动、社团文化活动等符合研究生身心特点的课外团学活动使研究生接触社会、了解国情,充分认识培育社会主义核心价值观的必要性和紧迫性。

(1)形成以社会主义核心价值观为焦点的团日活动教育体系

团日活动是基层团支部开展的有明确主题和丰富内容的基本活动。团日活动可加强团组织的基层建设,强化研究生群体的组织意识和政治意识,是加强和改进研究生思想政治教育的有效途径。然而,当前高校团日活动存在着政治性教育特征减弱,娱乐化倾向增强的问题,出现部分团支部对以理想道德教育、爱国主义和革命传统教育等为主题的团日活动,通常是读读上级文件、走过场,没有认真去组织,而把更多的时间和精力花在组织娱乐性的活动上,背离了团日活动思想政治教育的主旨。针对这些问题,高校团日活动应坚持以社会主义核心价值观为核心内容来设计团日活动主题,比如结合“五四”“七一”“十一”等政治性节日,开展“我为社会主义核心价值观代言”主题团日活动,组织研究生群体结合自身经历和体会,通过演讲、文字、绘画、视频、微电影等多种方式表达对社会主义核心价值观的理解与感悟,传播青春正能量;结合清明、端午、中秋、重阳等中华传统节日,开展“礼敬中华优秀传统文化”主题团日活动,增强研究生的文化自信和价值观自信。

(2)开展以社会主义核心价值观为主题的文体艺术活动

文体艺术活动是深受研究生喜爱的活动,健康、积极向上的文艺活动能够引领一大批研究生群体健康成长。国家极其重视在研究生群体中开展文体艺术活动,中国共产党中央委员会宣传部等通知在全国开展社会主义核心价值观主题文艺活动,要求注重以文化人、以文育人,强化文化熏陶。高校团学组织要坚持围绕社会主义核心价值观这一主题,组织开展文体艺术活动。比如结合“一二·九”等重大事件,开展红歌大合唱比赛,激发研究生群体的爱国热情;组织开展“戏曲进校园”活动,弘扬民族传统文化;组织研究生以社会主义核心价值观为主题，开展书法、绘画、摄影、征文比赛，培育和践行社会主义核心价值观；以新生入学、毕业生离校为契机，举办迎新晚会、毕业晚会，激发研究生爱校荣校之情。各类文艺活动把书面上、口头上的社会主义核心价值观理论转化为生动形象的文艺元素，促进研究生对社会主义核心价值观的理解和吸收。

(3)加强以核心价值观为引领的社团文化建设

高校学生社团是学生因为共同的兴趣爱好，自愿组成的、按照章程开展活动的群众性学生组织，是学生自我教育、自我管理、自我服务的重要阵地。近年来，高校学生社团发展迅速，社团类型多样，开展的活动丰富，在思想政治教育领域和意识形态建设中发挥着独特作用。然而当前高校学生社团发展中，也存在着一些问题，比如一些社团的宗旨、理念和目标不明确，社团组织与成员价值取向功利化、社团结构不合理、理论学习型社团偏少、社团活动主题特色不鲜明等。要解决这些问题，首先，要树立以社会主义核心价值观为指导的社团发展理念，打造与社会主义核心价值观相吻合的社团价值观，树立与社会主义核心价值观相一致的社团精神。其次，引导社团开展培育和践行社会主义核心价值观的活动，特别是要大力鼓励、扶持习近平新时代中国特色社会主义思想学习研究会、党史团史研究会、政策方针研究会等理论学习型社团的建设，开展“十九大知识竞赛”、马列讲堂、党史团史知识图片展、红色电影展播等活动。此外，学校团委也可以设立社会主义核心价值观社团活动专项基金，专门用来支持社团开展以社会主义核心价值观为主题的特色活动和品牌活动。

4)营造校园文化，优化教育环境

校园文化是培育研究生社会主义核心价值观的重要活动载体，把社会主义核心价值观融入校园文化建设，是一项长期的常态化的工作，有利于研究生树立良好的社会主义核心价值观，培育良好的校园文化氛围。[①] 这就需要将社会主义核心价值观教育融入校园文化建设的全过程、依托校园文化引导研究生坚定和践行社会主义核心价值观。

(1)将社会主义核心价值观教育融入校园文化建设的全过程

①融入高校校园物质文化建设。将社会主义核心价值观教育融入高校校园物质文化建设，要高度重视校园建设和基础设施建设，努力建设高品位、环境优美、规划科学、布局合理且适于研究生生活和学习的现代化校园。优美的校园环境可使高校师生的心灵得以净化，能够陶冶人的情操，启迪人的思想、智慧，塑造人的心灵，愉悦人的身心，激发人追求上进、探索未知领域和创造美好未来的活力。将社会主义核心价值观融入高校校园物质文化建设，要重视校园整体规划。校园的整体规划要科学、布局要合理，如将校园规划为教学区、实验区、活动区以及科技园区等。营造良好的校园环境和校园氛围，可使教师的“教”与研究生的“学”实现良性互动，从而提高教学效率和效果，从根本上有利于研究生的长远和全面发展。

① 杜海燕. 用社会主义核心价值观引领大学校园文化建设[N]. 天津日报，2017-03-13.

将社会主义核心价值观融入高校校园物质文化建设，要善于将社会主义核心价值观渗透在标志性文化建筑建设中，在校园文化艺术标志性建筑中彰显“求实”“创新”“求美”的价值理念，融入丰富的文化内涵，突出“富强、民主、文明、和谐；自由、平等、公正、法治；爱国、敬业、诚信、友善”等精神，营造良好的文化氛围和环境，对研究生进行潜移默化的引导，激励高校师生对真善美的追求，激发师生们的创造愿望。将社会主义核心价值观融入高校校园物质文化建设，要加强校园文化载体建设，要把社会主义核心价值观融入校园文化载体建设。高校的板报、报刊、广播、电视和网络，是校园文化建设的主要媒体和文化载体。这些文化载体承担着把握正确的政治舆论导向、加强学校各个部门的联系、提高师生的人文修养和塑造学校良好形象等方面的重大职责，在宣传党的方针政策、传播先进文化、塑造高素质人才、推动高校改革和促进学校发展等方面发挥着举足轻重的作用。一方面要加大对这些校园文化载体“硬件”建设的投入，另一方面要加强“软件”建设，充分利用这些文化载体的技术、功能优势，扩大社会主义核心价值观的影响力和辐射范围，使之成为传播先进文化的平台。

②融入高校校园制度文化建设。将社会主义核心价值观教育融入高校校园制度文化建设，就是要以社会主义核心价值观指导高校管理体制、组织机构和课程的设置规章、制度的建立，以及教学、科研、生产、生活模式的形成等。只有建立完整的规章制度，才能保证高校各方面工作和活动的开展与落实，才能更好地规范高校研究生的行为。将社会主义核心价值观融入高校校园制度文化建设，要按照导向性、科学性、政策性、稳定性的原则，不断完善高校的日常规章制度。规范有序的常规管理机制是搞好校园文化建设、实现高校发展目标的必要保障。完善的常规制度能够保障各项日常工作有章可循、有据可依，避免管理的混乱，保障教学和科研等各项工作顺利进行，保证高校校园文化活动的有序状态，保证高校校园文化活动的高效率实现，确保高校校园制度文化纳入规范化轨道。高校制度文化反映着高校的观念、精神和文化，反映着高校的管理思想和水平，在制定高校规章制度的过程中，要突出社会主义核心价值观的要求，把社会主义核心价值观和制度结合起来，充分体现社会主义核心价值观的导向功能、激励和约束功能，保证高校正确的政治方向。将社会主义核心价值观融入高校校园制度文化建设，要注重人文关怀，建立人性化管理制度。在制度建设中要体现以人为本，既要约束人又要激励人；既要依法治校又要以德治校；既要有集中又要有民主；既要有共性又要有个性，真正做到尊重人、理解人、关心人。研究生是高校管理中较为活跃的、重要的因素，是高校管理的重点，也是高校管理的核心，先进的高校校园制度文化会对高校研究生的人格发展产生不可磨灭的影响。在新的历史时期，人们更加关心人的自由、情感、存在、价值、尊重、理解、沟通、信任，只有在社会主义核心价值观的指导下，把人放在首位，具有人文精神和人文关怀，高校的制度文化才能拥有强大的生命力。

③融入高校校园精神文化建设。将社会主义核心价值观教育融入高校校园精神文化建设，就是要以社会主义核心价值观引导高校研究生形成正确的道德情操、思维方式、心理倾向、人生态度和政治观念。将社会主义核心价值观融入高校校园精神文化建设，要积极倡导奋发向上的大学精神。大学精神是一个学校的师生应共同具有的价值取向、人生态势和道

德观念的高度浓缩，是一所高校校园文化在长期发展中形成的历史积淀。大学精神对高校研究生的思想观念、价值取向、思维模式、行为方式等方面都能产生潜移默化的、十分广泛而深刻的影响。把具有历史底蕴的大学精神融入社会主义核心价值观教育，并赋予其时代意义，能将其作为一面旗帜，统领高校文化价值体系，形成强大的精神力量。具有鲜明个性和特色的校训、校歌、校徽、校标是大学精神与高校的历史积淀、现实特点相结合的产物，是大学精神外在的形象标志，对教职工具有凝聚作用、对研究生具有陶冶作用、对社会具有示范作用，能够极大地鞭策研究生修身养德，激励研究生热爱学校、刻苦学习，引导研究生报效祖国、服务社会。将社会主义核心价值观教育融入高校校园精神文化建设，要建设良好的校风。校风蕴含着高校的办学特色和理念，体现着高校的精神风貌，是高校校园文化的核心部分，也是高校校园精神文化建设的主体，校风建设实际上是高校校园精神文化的塑造。校风具有较强的规范功能，好的校风能够创造一个陶冶人们心灵的场所，能够激发和凝聚高校成员的内在动力，催人奋进，具有深刻的感染力。建设良好的校风要培育严谨的高校主体的行为文化。对高校研究生的行为方式的各个方面起到指导性作用，使研究生自觉约束自己的言行举止。因此，要尊重知识、尊重人才，充分发挥高校师生的创新精神，发挥高校师生的主人翁责任感；建立和完善评价激励机制，激励高校研究生群体奋发向上，营造浓郁的学习气氛，激发求知欲望；充分发挥宣传阵地的作用，表彰先进、树立典型、弘扬正气，让高校研究生能时刻受到积极向上的校风的熏陶。

(2)依托校园文化引导研究生坚定和践行社会主义核心价值观

①将研究生社会主义核心价值观教育融入高校校园文化的价值导向中——引导研究生成为社会主义核心价值观的坚定信仰者。高校校园文化是意识形态领域的一块重要阵地，各种思想观点都想在信息最为密集、思想最为活跃的高校占有一席之地。实践证明，没有指导思想的一元化，校园文化势必出现混乱，失去正确的方向，也会丧失校园文化的功能。因此，高校校园文化建设必须坚持马克思主义的指导地位，用马克思主义武装和教育研究生，用马克思主义的世界观和方法论分析问题和判断形势，通过发展马克思主义主题文化，引导校园文化建设，只有这样，才能够真正起到整合并引领日益多样的社会价值观的作用。为此，高校要坚持弘扬爱国主义、集体主义和社会主义主旋律，创造大量的马克思主义精品文化，占领校园文化阵地，驱赶非主导文化，努力消除非主导文化对研究生的负面影响。从国外核心价值观教育途径的启示来看，我们既要充分发挥课堂教学的主渠道、主阵地作用，又要重视校园文化建设潜移默化的育人作用，做到“三贴近”，引导研究生成为社会主义核心价值观的坚定信仰者。当然，解决人们的思想认识问题、引导人们树立正确的思想认识，重在疏导，这是由人的思想转化规律决定的。毛泽东曾在《关于正确处理人民内部矛盾的问题》中指出：“企图用行政命令的方法，用强制的方法解决思想问题、是非问题，不但没有效力，而且是有害的……凡属于思想性质的问题，凡属于人民内部的争论问题，只能用民主的方法去解决，只能用讨论的方法、批评的方法、说服教育的方法去解决，而不能用强制的、压服的方

法去解决。”面对社会思潮，我们应当看到其存在的必然性，尊重其多样化的现实存在，更应该鼓励不同思想相互碰撞、不同观点相互切磋、不同意见充分表达，通过争论明辨是非，扩大认同，真理越辩越明，相应地，错误思潮的消极影响逐步消解，社会主义核心价值观对高校校园文化的引领才能得以保证。

②将研究生社会主义核心价值观教育融入高校校园文化的环境塑造中——引导研究生成为社会主义核心价值观的自觉追随者。良好的校园文化环境可以净化研究生的心灵，陶冶研究生的性情，培养研究生良好的心理素质、人文精神，激励研究生爱国爱校、刻苦学习、奋发向上。如何引导研究生成为社会主义核心价值观的自觉追随者，把社会主义核心价值观理论学习变“要我学”为“我要学”，变负担为需要，引导研究生“乐于从生活本身学习，并乐于把生活条件创造成一种境界，使人人在生活过程中学习”，从而增强社会主义核心价值观对研究生的吸引力、感染力。在新时期，高校应以习近平新时代中国特色社会主义思想为指引，积极探索先进校园文化建设的有效载体。具体来讲，当前高校应着重在物质文化环境建设、学术文化环境建设、社会文化环境建设、管理文化环境建设、媒体舆论环境建设等方面下功夫，努力提升校园环境的文化品位和人文气息。优美的校园环境既是学校正常运转的客观条件，又是社会主义核心价值观教育的重要场所；既可以陶冶研究生的情操，又可以净化研究生的心灵。把学校精神和社会主义核心价值观融入其中，可以使其发挥“润物细无声”的教育作用。另外，要坚持解决思想问题与解决实际问题相结合，既以理服人又以情感人。由于价值观上的引领最为重要的是实际利益上的引导，因此要多办得人心、暖人心、稳人心的好事、实事、难事。只有这样，研究生才会真正成为社会主义核心价值观的自觉追随者、传播者。毛泽东曾指出：“一切群众的实际生活问题，都是我们应当注意的问题。假如我们对这些问题注意了、解决了，满足了群众的需要，我们就真正成了群众生活的组织者，群众就会真正围绕在我们的周围，热烈地拥护我们。”

③将研究生社会主义核心价值观教育融入高校校园文化的活动话语中——引导研究生成为社会主义核心价值观的行为示范者。“要善于用青年喜欢的话语体系来创新教育内容的表达方式，要善于运用青年喜欢的语言风格和逻辑与青年交流，善于用真理的力量去影响青年。只有把引导青年和尊重青年有机结合起来，才能真正走进青年，才能在本质意义上实现对青年的引导、吸引和凝聚。”我们党提出建立社会主义核心价值观，正是为了形成我们自己的、具有中国特色的、能够使全社会达成共识的文化价值理念，使其成为维系整个社会和谐、稳定、发展的精神纽带。所以，我们高校理论工作者要摒弃过去的思维定式、居高临下的说教口吻、生硬呆板的叙述方式，注重研究当今时代研究生的特质，避免“年年依样画葫芦”，在构建话语体系上下功夫，切实增强高校校园文化话语的吸引力、影响力，使主流价值观、人生观深入教育对象的心中，使其认同从而实现引领目标。努力使社会主义核心价值观转化为广大研究生的精神信仰和基本价值取向，成为广大研究生群体的罗盘和坐标。用社会主义核心价值观来掌控校园文化话语权，在校园文化氛围中形成社会主义核心价值观的舆论强势，统领高校校园文化，对于坚持社会主义核心价值观的办学方向具有极其重要的意义。

我们也清醒地意识到，要真正实现对青年最本质、最核心意义上的思想引导，难度很大，不能做简单处理和一般性布置。不妨借鉴前人在这方面的做法。中国古代有仁、义、礼、智、信等，西方近代有自由、平等、博爱等。我们要建设现代的社会主义核心价值观，也应当有这些标志性的价值概念，如富强、民主、文明、和谐；自由、平等、公正、法治；爱国、敬业、诚信、友善等。要善于把元素注入现实工作中。只有这样，才能使现代价值观念体现在高校校园文化生活的各个方面。所以，要想实现价值体系的融入贯穿，就要注重在“行”上下功夫，在“话语”上融合。社会主义核心价值观教育只有融入研究生日常学习、工作、生活的方方面面，才能促使研究生将社会主义核心价值观教育内容真正落到实处。比如，由于研究生最容易受到那些与自身经历和背景相似的榜样的影响，这就要求我们注重从研究生生活中培育、挖掘一批可亲、可信、可学且符合社会主义核心价值观教育要求的各级各类典型人物或事件，通过组织化覆盖，引领研究生根据身边实实在在的模范的人和事去选择、塑造自己的生活，从而使社会主义核心价值观教育的要求具体实在、可感可亲、可信可行。

④将研究生社会主义核心价值观教育融入高校校园文化的实践载体中——引导研究生成为社会主义核心价值观的主动践行者。在发展中国特色社会主义过程中，社会主义核心价值观必然被人认知，而人在认识和接受了一定的价值观念之后，就会在这一价值观念的引导和激励下，将其内化为自我个体思想道德支配下的自觉行为，用自己的实际行动维护着主体所倡导的思想要求、道德规范，进而发挥积极的社会效应，在实践中实现社会主义核心价值观教育的价值，并随着实践和认识的发展不断丰富和完善社会主义核心价值观的价值内涵。校园文化活动是社会主义核心价值观教育引领的有效的实践载体。作为构成校园文化中最活跃、最丰富、最多样化的部分的校园文化活动也是高校研究生社会主义核心价值观教育最常用的教育形式，其具体形态繁多，如科技创新活动、文艺体育活动、参观考察活动、社会实践活动、学习先进典型活动、精神文明创建活动、纪念日主题教育等。我们要解决的关键问题是怎么样把社会主义核心价值观教育的要求渗透到日常的高校校园文化活动中，通过潜移默化的价值引导，使研究生在实践、体验中认知和认同社会主义核心价值观并主动践行。实践是一切价值的根本源泉和根本途径。国外的教育人士普遍认为，实践活动是学校教育研究生形成社会主义核心价值观的重要途径和环节。西方国家的高校进行核心价值观教育的一个重要环节就是通过许多社团、文体活动协会和俱乐部以及各类兴趣小组开展活动，培养学生社交能力和团结协作的精神，培养学生自立、自信、自强的人格品质和乐观向上的人生态度。如德国重视在社会实践活动中对研究生进行核心价值观教育，除了在学校接受正规、系统的价值观教育，还鼓励学生到社会中去接受锻炼，参加各种社会活动和社会服务。这有助于学生把书本上学到的价值观念具体化、生活化，并逐渐内化为自己的价值观。因此，我们要借鉴国外的经验，在开展研究生社会主义核心价值观教育时，必须进行实践。只有经过社会实践，研究生才能更深刻地领会所学的内容，才能真正将其内化。我国所有高校都应该重视校园文化建设在研究生社会主义核心价值观教育中的作用，结合研究生身心发展规律和学校的客观情况，大力开展各种形式的社会实践活动。在设计校园文化活动时，

要将校园文化活动与国家经济建设、社会发展紧密联系起来，与学校人才培养目标紧密联系起来，突出研究生的主体性和创造性，激发研究生的主体意识和参与意识，培养和锻炼研究生的全面素质。如开展校园文化节、志愿者服务活动、社团活动、“红色旅游”、生产实践等，引导研究生成为社会主义核心价值观的主动践行者。

5）建设网络基地，开拓教育载体

构建研究生社会主义核心价值观教育协调机制，需要建设网络基地，发挥研究生社会主义核心价值观教育“网络战场”的作用、完善研究生社会主义核心价值观教育的网络引导机制、打造研究生社会主义核心价值观教育的网络强势媒体、提升研究生社会主义核心价值观教育的网络媒介素养、建立研究生社会主义核心价值观教育的网络监督体系，从整体上搭建起网络教育基地。

（1）发挥研究生社会主义核心价值观教育“网络战场”的作用

在网络迅速发展的现代社会，各种信息的不断更新使人们的生活更加丰富多彩。信息的传播给人们的生活带来了许多便利，各高校应抓住多媒体网络技术的便利性，完善协同机制、融合多类课堂，为社会主义核心价值观教育的传播奠定坚实基础。高校开展社会主义核心价值观教育，必须充分利用新的传播手段和传播方式。网络对当代研究生价值观的影响越来越大，随着笔记本电脑特别是智能手机的普及，互联网已经成为当代研究生获取信息的主要渠道，他们可以方便快捷地获取海量信息。网络实际上已逐渐成为各种思想争夺研究生的主战场，思政课教师一方面要对网络上的热点话题进行积极回应，对网络上的错误言论进行有力批驳，在教学过程中注重培养和提升研究生的分析判断能力。另一方面又要不断学习信息技术，学会运用网络信息平台与研究生进行对话和交流，及时解答当代研究生的思想困惑，引导他们自觉认同和践行社会主义核心价值观。另外，还可以将网络载体作为社会主义核心价值观教育的重要手段，利用校园网，开发“心价值 · 新视界”专题网站，在网页中融入红色经典、原创作品、名人轶事、时事动态等板块。将社会主义核心价值观倡导的先进文化理念和主流意识形态利用网络载体传递给研究生，进行社会主义核心价值观教育，让研究生能够轻松获得成长与收获。

（2）完善研究生社会主义核心价值观教育的网络引导制度

网络在方便研究生的同时也带给了研究生潜移默化的引导。研究生在虚拟的网络环境中更加容易受到消极信息的影响，针对这一问题，高校在研究生社会主义核心价值观教育过程中，应积极主动地为研究生营造健康向上的网络环境。首先，在高校的日常教育工作中，教师应以研究生的心理健康情况为依据，积极组织有助于他们身心健康的网络实践活动，同时对他们社会主义核心价值观的树立过程给予更多的关注。其次，高校也应积极与研究生的家庭联系，从研究生生活的现实环境入手，注重家庭与研究生的情感沟通与交流，通过营造和建立良好和谐的家庭氛围，传播正面的价值观念，树立正确的引导机制，对研究生的价值观培育工作产生潜移默化的影响。最后,主流网络媒体可以在进行价值观念传播的同时,多发起关于我国当代主流意识形态的网络活动,让研究生积极参与其中,从而使研究生的社会主义核心价值观逐渐成熟,以完善研究生社会主义核心价值观教育的网络引导机制。

(3)打造研究生社会主义核心价值观教育的网络强势媒体

这是一个网络媒体与传统媒体交错的时代,传统媒体拥有着雄厚的基础,而网络媒体则发展势头正猛。经常身处网络环境中的研究生,他们受到网络媒体的影响更多,所以,研究生社会主义核心价值观教育工作就必须以网络强势媒体为保证。判断一种媒体在媒体中的地位是否处于中心,看它是否很活跃,是否被人们看好,是否具有深刻的社会影响力来衡量它是否为强势媒体。因此,在新闻高度同质化的今天,就要发挥网络媒体所特有的传播者多样化、传播内容海量化、传播渠道交互化、受传者个性化、传播效果智能化的优点,注重策划,整合资源,传播正能量。当代社会也要注重网络媒体的发展,政府也可以通过出台相关政策措施来促进网络媒体的发展。在校园生活中,高校在进行研究生社会主义核心价值观教育时可以将讲授内容通过网络媒体表达出来,也可以经常举办网络文化活动,引导研究生正确使用网络媒体,利用网络媒体表达自己,通过网络媒体传播主流价值文化,打造网络强势媒体,强化价值观培育效果。

(4)提升研究生社会主义核心价值观教育的网络媒介素养

作为网络媒介,网络传播的信息拥有内容丰富、复制便利等特点,但另一种程度上也使网络信息的接收和处理产生了一定的问题。特别是经常使用网络的当代研究生,由于其树立的价值观还不牢固以及知识结构的不完善,在网络信息的处理上易受干扰。随着网络媒介迅速发展以及人们对网络媒介素养的认同,也应注重提升研究生社会主义核心价值观教育的网络媒介素养。受时代背景的影响,各种各样的网络教学 App 应运而生,比如钉钉、腾讯会议、学习通等,研究生随时随地都可以通过网络学习学校和社会传播的正能量信息知识。利用网络教学媒介,改变了教育者对虚拟网络的偏见,也使得社会大众正视网络媒介对研究生社会主义核心价值观的教育效果。在此基础之上网络媒介通过不断地向国民化、社会化转变,借助社会各方面的努力合作提高其素养,不断推进研究生社会主义核心价值观教育的工作进程。

(5)建立研究生社会主义核心价值观教育的网络监督体系

针对网络环境中的不良网络信息,必须加强网络信息的监督和准入,建立网络监督体系。首先,严格把守市场准入关卡,对网络环境中的每一个网络软件和网络信息都要准确预见其双重作用,对于那些具有消极影响的网络信息或者网络软件应采用强硬手段,阻止其进入网络环境。治理网络环境应从源头出发、从技术着手,将重点放在网络环境中网络信息的入口,通过运用先进的网络信息技术,过滤掉虚假的、非法的、有害的网络信息,使违法网站和不良信息与研究生相隔离,达到净化网络环境的目的。其次,我们也应时刻关注研究生的网络使用行为,对于那些异常或者违法行为,应当及时制止,规范研究生的网络使用行为,以防研究生掉入违法、消极的网络活动陷阱。比如网络上组织的“追求民主”网络活动,高校应当加强预防,避免高校学生走上错误道路。最后,高校应不断地完善网络监督体系,加强网络环境的监管,促进符合主流意识形态的价值内容在网络环境中的广泛传播,使研究生在良好的网络环境中逐渐加强对社会主义核心价值观的价值认同。

6)开展社会实践,促进知行合一

习近平总书记曾指出:“道不可坐论,德不能空谈。于实处用力,从知行合一上下功夫。”构建研究生社会主义核心价值观教育协同机制,对研究生开展社会主义核心价值观教育,最根本的是通过实践活动使得研究生将社会主义核心价值观内化于心,外化于行,形成于性,做到知行合一。为此,需要从认识理解高度化、组织指导全员化、内容形式多样化、评价体系多元化等方面来构建研究生社会主义核心价值观教育协同机制的实践路径。

(1)认识理解高度化

研究生社会实践是一项综合性育人工程,是增强研究生社会主义核心价值观教育协同机制实效性的有效途径。这项工作首先需要学校各部门、各院系的协调配合。学校应把这项工作作为培养社会主义事业的建设者和接班人的大事来抓好、做好,在广大研究生中进行以“富强、民主、文明、和谐;自由、平等、公正、法治;爱国、敬业、诚信、友善”为主要内容的社会主义核心价值观教育,通过课堂教学、学术讲座、报告会等使研究生明确社会实践对于社会主义核心价值观教育的意义,深入细致地做好深化宣传和动员工作。其次,为了使学生的社会主义核心价值观教育落到实处,持之以恒,不断地深入和提高层次,学校必须把以此为目的的社会实践活动纳入学校工作进行全盘考虑,统一领导、统一布置、统筹安排。学校应有组织管理研究生社会实践活动的机构,并建立起相应的符合学校自身特色的社会实践活动指导体系。学校共青团组织、学生管理和教务部门要在学校党政的统一领导下,齐抓共管,如计划、动员、实施、考核、总结、交流等,各司其职,认真做好各项具体管理和服务工作,保证研究生社会实践活动的顺利开展。再次,干部、教师应指导并参与实践活动,并在实践活动中有意识地处处融入社会主义核心价值观教育。学校应建立全面科学的评价机制和规范且具有权威性的奖励机制,同时,充分发挥新闻媒体的作用,及时报道在活动中表现突出的研究生,激发其荣誉感和责任感,从而保证研究生社会主义核心价值观教育协同机制的运行。

社会实践活动是知国情、社情、民情和理解、运用、升华理论的活动,研究生通过亲身体验,对社会主义核心价值观的感性认识可上升到理性认识的高度。依托社会实践活动,研究生可以深入地了解当前的政治经济形势,了解改革开放和社会主义现代化建设事业取得的巨大成就,对社会主义伟大事业充满信心。依托社会实践活动,研究生可以进一步认识到建设中国特色社会主义事业的艰巨性和长期性,激发他们树立艰苦创业的精神。依托社会实践活动,研究生可以巩固所学知识,培养对书本知识的应用、传播和创新能力,既丰富课堂教学的内容,又可以磨炼意志、开阔眼界、明确责任,同时体验自身的价值。总之,社会实践是研究生社会主义核心价值观教育协同机制构建中的重要组成部分,深化认识和理解其意义是构建与运行研究生社会主义核心价值观教育协同机制的重要途径。

(2)组织指导全员化

培养研究生成才是全社会义不容辞的责任和义务,依托社会实践活动进行研究生社会主义核心价值观教育是一项系统工程,这就需要政府、社会组织、学校、家庭达成共识,形成合力,才能使研究生社会主义核心价值观教育协同机制发挥作用。

①领导重视是关键。各地要在党委统一领导下,建立由有关部门负责人参加的研究生社会实践会议制度,定期召开工作协调会。地方各级政府要把支持研究生社会实践列入政府财政,给予组织正当具体支持。各地宣传部门、文明办、教育部门和共青团组织要在当地党委政府统一领导下,明确各自任务,形成工作合力。各级领导部门要通力合作,制定支持研究生社会实践的政策措施和具体办法,调动各方面的积极性,为通过研究生社会实践加强与改进研究生社会主义核心价值观教育协同机制创造有利条件。

②社会支持是基础。在政府政策的引导和鼓励下,各类企事业单位应当自觉转变用人选人的观念和机制,通过吸纳研究生社会实践来发现人才、选择人才、培养人才。要积极创造条件,为研究生提供社会实践和勤工助学岗位。有条件的单位可给予参加实践的研究生合理的劳动报酬。全社会的支持与认同,为研究生创新能力、实践能力的培养和吃苦耐劳精神的养成、建设中国特色社会主义事业的本领的习得等提供更加广泛的基础支持。

③学校组织是保障。学校是研究生社会主义核心价值观教育的主体,也是学生社会实践的主要组织者,理所应当积极贯彻“教育与生产劳动和社会实践相结合”这一教育方针,认真规划设计,妥善组织实施,使学生了解社会、认识国情、增长才干、奉献社会、锻炼毅力、培养品格。同时,要不断完善研究生社会实践活动的组织和管理制度,建立科学的组织、考核、奖励、学分登记等制度,确保活动规范有序、有条不紊地开展。还要加大对研究生社会实践活动以及研究生社会主义核心价值观教育的协同效果的调查研究力度,认真研究新形势下社会实践活动的新内容、新载体、新形式,保证推陈出新、有的放矢。

(3)内容形式多样化

丰富多彩的研究生社会实践活动,符合研究生社会主义核心价值观教育协同机制的原则。因此,以研究生社会实践活动作为教育中介之一效果明显。通过设计每项社会实践活动的内容与形式,让研究生学以致用,并从实践中再学习,这样才能达到教育与接受的目的。

体验式社会实践活动触碰心灵,有利于研究生对社会主义核心价值观教育内容的接受。当前一部分研究生存在“逆反”心理,这种心理严重影响了社会主义核心价值观教育的效果。体验式社会实践活动主张将教育、尊重学生与放手让学生进行自我教育结合起来,这在一定程度上符合教育原则,可以取得良好的效果。如走“红色之旅”的社会实践活动。“红色之旅”主要是指以中国共产党领导人民在革命和战争时期建立丰功伟绩所形成的纪念地、标志物为载体，以其所承载的革命历史、革命事迹和革命精神为内涵，组织接待旅游者开展缅怀学习、参观游览等主题性活动。走“红色之旅”活动使学生学习革命历史知识，接受革命传统教育，以及树立正确的世界观、价值观和人生观，进一步加深对改革开放和社会主义现代化建设所取得的伟大成就的理解和认识，激励自己刻苦学习，奋发成才，努力成为中国特色社会主义事业的合格建设者和可靠接班人。

服务式社会实践活动感恩社会，有利于研究生社会主义核心价值观教育的开展。勤工助学、青年志愿者活动是培养研究生良好个人品格最直接、最有效的形式之一。一方面研究生可以通过这种形式获得劳动报酬来支付日常学习和生活费用，既解决了生活上的后顾之忧，又有利于消除研究生特困生“等、靠、要”的思想，培养研究生通过合法劳动获得回报的观念；另一方面这些活动锻炼了学生意志，研究生社会主义核心价值观使研究生尽早地了解社会、适应社会，懂得如何学习与生活，培养了艰苦奋斗的精神，体验了社会和人生，使研究生更加珍惜自己的学习生活环境。相关部门要为研究生参加勤工助学、青年志愿者活动创造条件，建立规范有效的勤工助学管理制度，鼓励研究生在完成学业的同时，积极参加勤工助学活动与青年志愿者活动，培养研究生艰苦朴素、勤俭节约、感恩社会的精神，增强研究生热爱生活、自立自强的信心和勇气。如可以引导研究生围绕“弘扬中华传统美德”开展社会实践，到街道、社区、幼儿园、孤老院开展科教宣传、敬老爱幼活动。开展义务卖报、无偿献血、义务家政活动，引导研究生做遵守公共秩序的模范，做爱国守法、诚信友善、敬业奉献的模范，做公民道德礼仪实践的楷模。鼓励研究生从身边小事做起，从一点一滴力所能及的事做起，着力培养他们知行统一的良好个人品德，从而引领研究生培养高度的社会责任感。这些卓有成效的社会实践活动足以证明研究生接受社会主义核心价值观教育的重要意义。

专题调研式社会实践活动学以致用，有利于研究生学习和践行社会主义核心价值观。培养出合格的建设者和可靠的接班人，使研究生自觉形成社会主义核心价值观，不能空谈理想，必须与练就好社会主义建设本领结合起来，否则不能算作真正地接受社会主义核心价值观教育，专题调研式社会实践强调的是在专业知识前提下满足某种需求的有针对性的社会实践活动，重在强调要解决的实际问题。如深入乡镇企业，帮助这些企业开展科技攻关、技术改造、产品开发、市场营销，促进乡镇企业改善产业结构，升级产品，提高效益；组织研究生到田间地头，帮助农民解决农业生产和农村经济发展过程中遇到的知识、技术问题；组织学生帮助农村干部、群众开阔视野，提高他们的理论知识水平和政策水平。这种专题调研式的社会实践使得研究生在实践过程中自觉开发自身的创新潜能，在实践中自觉检验自己所学理论知识是否能满足社会发展的要求。在实践中自觉提升自己的道德素养和理论素养。

(4)评价体系多元化

评价体系是构建科学合理的研究生社会主义核心价值观教育协同机制的重要组成部分。依托研究生社会实践活动，研究生社会主义核心价值观教育协同机制需要树立多元化的核心价值观接受评价机制，并融入诊断性、发展性的评价理念。

依托社会实践活动，研究生社会主义核心价值观教育效果得不到充分展现，有很大一部分原因在于评价方法的单一老套，缺乏激励性。一部分研究生只是在表面上参与了社会实践活动，却因写出一篇漂亮的报告或论文而受到奖励，这在一定程度上挫伤了部分研究生的积极性，甚至形成了错误导向。我们不能仅凭“研究生社会实践登记表”上反映的社会主义核心价值观教育的效果就判定其是否合格，在实践形式上，组织过程和具体活动中都要有所评价，要对社会实践方案的制订、社会实践活动的开展及社会实践报告、论文质量等每一个实践环节进行评价，看看学生是否能把社会主义核心价值观理论知识用到社会实践中去，是否具有较强的理论探究能力和创新能力，对研究生社会实践进行严格的考核。社会实践活动应与学分挂钩，规定一定的学分要求，并把考核成绩作为实践课成绩，记入学生档案，把社会实践真正作为一门课程来抓，不完成者不能毕业。通过完善的考核机制，对社会实践的过程、效果、参与人员的现实表现、取得的成果进行科学的质和量的分析考评，促进社会实践的不断深化和完善，从而提升研究生社会主义核心价值观教育的质量。

在研究生社会主义核心价值观教育的考评中，要注重主体差异性。在教育活动开始之前或教育活动中对学生的学习准备情况或特殊困难进行的诊断性评价，是对教学活动的准备。它主要是对学生的教育背景存在的问题及其原因做出诊断，以便“对症下药”，进行教育设计。研究生社会主义核心价值观教育协同机制评价体系的诊断性评价，主要体现在以下 3 个方面的作用：充分了解研究生社会主义核心价值观教育的现状，明确研究生接受心理的起点水平，为教育活动提供设计依据；了解研究生的心理发展水平差异，据此有针对性地开展教学活动；诊断个别研究生在心理接受上的特殊障碍，据此采取补救措施。通过评价，研究生便于对照个体制订的目标和评价结果，发展进步、反思差距，促进研究生学会正确认识自我、评价自我、完善自我，促进每一个研究生的自主发展、全面发展、持续发展。要注重评价的科学性，通过研究生自评，同学、指导教师点评以及社会评价，记录研究生社会实践过程中的各种行为表现、学习过程、学习成果、反省能力以及最终发展水平，使研究生在自我体验中树立信心，在不断地回顾和反思中求得发展。要注重评价的发展性取向，把着眼点放在研究生的未来，评价者对研究生的评价要富有期望、进行激励，以促进研究生发展为最终目的。一旦评价者的期望、鼓励被研究生觉察到，这种期望就成为其确定自身价值、评价自身发展水平和可能性的重要依据，并在此基础上形成动力，朝着实现预言的方向努力。

4.5.2　研究生社会主义核心价值观教育协同机制的运行支撑

1）建立研究生互助成长联盟，为机制运行提供主体支撑

将传统的“管理本位”转变为“研究生本位”，依托研究生社团、互助成长网络平台、互助成长热线、互助成长 QQ 群、互助成长微信等载体开展活动。充分调动研究生自我教育、同伴教育的积极性，构筑起研究生互助成长的能动体系，凸显研究生追求成长的主体性，为机

制的运行提供了强有力的主体支撑。

2)建设心理环境,为机制运行提供基础支撑

打造对研究生社会主义核心价值观教育起积极作用的、能动的心理环境,营造具有时代气息、高品位的校园文化氛围,强化环境育人的渗透性和引导性,让研究生在良好的环境氛围中,接受社会主义核心价值观教育的熏陶和感染。发挥环境育人"润物无声"的教育功效。为教育奠定心理基础。

4.5.3 研究生社会主义核心价值观教育的心理接受过程

研究生的社会主义核心价值观心理接受过程一般是缓和地、渐进地、按部就班地遵从量变积累到质变飞跃,研究生接受社会主义核心价值观的过程为:从一开始注意信息、保持信息、接受信息、心理内化、改变认知、态度转变到最后影响行为。

1)注意信息

心理学上注意分为两大类,一是由外刺激引起的结构性注意;二是由人的主观状态引起的功能性注意。反应的强弱由双因素所致,一是外刺激的强弱度;二是内需要的切合度。因此,我们在实行研究生社会主义核心价值观教育的过程中,需要重视引起注意的两大要素,结合实际情况调整两大要素的比重关系,以实现合理的外部刺激与内需的切合,实现教育效果的最优化。

2)保持信息

人们对信息的普遍注意通常持续时间较短,而对感兴趣的信息则会保持较长时间段的注意。对于信息的保持,除接受者自身的兴趣外,外界刺激的不断强化与持久刺激也是重要方面。因此,在研究生社会主义核心价值观教育的过程中,需要不断通过各种途径和方式强化教育内容,使被教育者在相当长的时间内可以保持对教育内容的注意,为之后的接受与内化打下良好的基础。

3)接受信息

接受信息的过程包括对信息的解读、信息的筛选和信息的整合。这个过程是实现教育目的的重要一环。只有接受教育内容(社会主义核心价值观),才能通过后来的努力将其内化为自身的价值观或价值取向。信息的解读包括两个方面,一是对思想信息传递源的意图性解读,二是对思想信息与自己的相关性解读。在教育的过程中,我们必须让研究生明确实行社会主义核心价值观教育的意图,同时使研究生明确社会主义核心价值观对于自身发展的重要性。对于信息的筛选,由于被教育者思维习惯的不同各有一定的筛选程序,因此我们在实施教育活动的过程中,不能一概而论,而应把握不同研究生的不同接受模式,因材施教。

信息整合是被教育者依据信息化发展趋势，按照其自身发展的需要，对信息资源分配和共享，进而实现信息资源配置最优化、拓宽信息资源应用领域和最大化挖掘信息价值的接受过程。

4）心理内化

心理内化是外在的价值理论转化为个体内在价值取向的必然过程，也是个体学习外界价值观理论知识，形成符合社会需求与个人发展的价值取向的必由之路。现代认知心理学的研究表明，任何信息的获得必须经过主体对外界输入信息进行不同层次的心理转化才能实现。[①]人们根据信息本身的特性和联系，在头脑中进行一系列的认知活动，将新信息与学习者原有的认知结构相结合，进而建立新的认知结构。由此可见，心理内化是制约教育效果的重要环节之一。

5）改变认知

当教育者主导的价值观与受教育者原有的价值观发生观念冲突时，受教育者在心理上会产生不一致、不平衡之感，继而产生触动、引起反思，并对自身进行全面的反观，认识到自己价值观外延尚可扩展的空间。此时，他们会主动倾听教育者所普及的更为多面的、全局的、整体的价值观，以丰富完善自我的价值观体系，更好地定位自身。被教育者在接受了教育内容并内化为自身的认知结构的一部分以后，就会逐步改变以往的认知结构，开始按照新的认知来理解和对待周围的人和事。当研究生树立社会主义核心价值观后，必然呈现出与以往不同的价值取向。

6）转变态度

受教育者在原有价值观和新接受价值观碰撞过程中，及时发现原有价值观的可扩展性，矫正单一的认同价值，吸收部分新价值观为我所用，剔除新价值观中某些偏颇的思想。当研究生将社会主义核心价值观内化为自身的价值观之后，他们的社会观、人生观、价值观也会随之发生变化，他们对待周围的人、事、物的态度也必将更加客观和理性，在实现自我价值与奉献社会的问题上，在个人利益与国家集体利益的选择上，在奢侈享受与理想追求的权衡上都将呈现出与以往不同的态度和观念。

7）影响行为

行为是思想的外显，是鉴定成效的最好标准，判断一个人思想是否成熟、价值观是否高尚，既要听其言，也要观其行。将思想化为习惯需要多次实践，并使其在今后的实践中成为

① 姚怡婷，温红娟. 新形势下导师对硕士研究生心理健康影响研究[J]. 教育教学论坛，2020(51)：109-111.

一种本能、一种自觉的活动，承袭其思想理念、贯穿于行动始终，这是极其高效和理想的状态，“习若自然，卒难洗荡”蕴含的意义就是说养成的习惯成了自然而然的举手投足，在短时间内无法彻底改变。研究生正处于人生观、价值观形成的关键时期，其接受活动总是处在一定的社会环境中，除受到接受客体的刺激外，也会受到其他因素的干扰，对研究生进行社会主义核心价值观教育，可以改变一些研究生政治信仰模糊、功利意识严重的情况；矫正一些研究生扭曲的价值取向，如重物质利益轻无私奉献，重等价交换轻爱心付出等；增强研究生的社会责任感等。

4.5.4 研究生社会主义核心价值观教育协同机制的运行方式

研究生社会主义核心价值观教育协同机制的构建与运行由接受主体（受教育者）、接受中介（教育活动）和接受客体（教育信息），通过方案实施、信息反馈、方案调整、效果评价四个环节的有序循环，有效地促进了接受主体、接受中介和接受客体之间的相互联系、相互作用、相互影响，形成了教育由物理过程向心理过程的转化。接受主体通过注意信息、保持信息、接受信息、心理内化、改变认知、转变态度、影响行为这样一个循序渐进的心理接受过程，促进接受主体表现出相应的外化行为。从而形成了一个良性循环的整体运行机制，最终实现教育目标。

研究生社会主义核心价值观教育协同机制的三个组成部分，接受主体、接受中介和接受客体通过方案实施、信息反馈、方案调整、效果评价四个环节共同构成一个整体运行机制。环节之间的相互影响、相互作用，构成了机制运行的第一个层面；教育内容、教育活动和接受活动三者通过教育方式和心理认知两个环节构成了机制运行的第二个层面；社会主义核心价值观的具体内容，即坚持马克思主义指导地位，坚持中国特色社会主义理想、坚持以爱国主义为核心的民族精神和以改革创新为核心的时代精神和坚持社会主义荣辱观、教育活动的具体内容，即课堂教学、团学活动、校园文化和网络教育基地和接受活动的具体内容，即接受信息、心理内化、改变态度和影响行为构成了机制运行的第三个层面。这三个层面相互联系、相互作用、相互影响，构成了一个层次鲜明、不断循环、有序有效的研究生社会主义核心价值观教育协同机制。

第5章　研究生社会主义核心价值观教育的保障

研究生作为国家高层次专门人才，处于国民教育体系的顶端，是实现“两个一百年”奋斗目标的生力军，也是未来领导人物和领军人才最关键、最得力的后备军，他们的价值观决定未来社会的价值取向。教书和育人是研究生导师的两大基本职责，研究生导师负有对研究生进行思想政治教育的首要责任。关于研究生导师职责界定的不断完善，越发凸显导师在思想政治教育方面的重要作用。

1953年，《高等学校培养研究生暂行办法(草案)》出台，确立研究生培养的导师制模式，明确导师要完成对研究生业务指导的任务。1987年，国家教委、中宣部联合出台《关于加强研究生思想政治教育工作的几点意见》，明确了导师在做好业务指导的同时要对研究生的健康成长负起责任，同时首次明确了导师既要做好业务指导也要参与思想政治教育工作。2000年，《教育部关于加强和改进研究生德育工作的若干意见》再次明确指出，研究生导师对研究生专业能力养成以及德育品质培养有重要影响，是研究生思想政治教育工作的重要组成力量，导师在研究生思想政治教育工作中的地位和责任进一步被强调。2010年，《教育部关于进一步加强和改进研究生思想政治教育的若干意见》对导师的职责界定进一步明确，导师在研究生德育中作为首要责任人，对研究生的思想政治教育负首要责任。2017年颁布的《学位与研究生教育发展“十三五”规划》明确提出将“立德树人作为研究生教育的中心环节”。2018年，《关于全面落实研究生导师立德树人职责的意见》出台，教育部进一步明确导师就是研究生培养的第一责任人，导师立德树人职责内容要求包含思想政治教育工作。从中可以看出导师在思想政治教育中的定位，经历了一个不断的发展和深化过程，从“不参与”到“也要关心”可以作为第一阶段的探索，从“也要关心”到“重要力量”可以作为第二阶段的探索，从“重要力量”到“首要责任人”可以作为当前阶段的主要探索。研究生导师对研究生思想政治教育职责认定的不断完善过程，既体现了导师在研究生思想政治教育方面地位的不断提升、责任的不断加大，也遵循了研究生思想政治教育的客观规律和提升优化研究生培养目标的迫切需要。这就客观要求研究生教育坚持专业教育与思想教育并进，在注重专业能力、学术能力、创新能力的同时，将思想政治教育工作贯彻落实至教育全过程。

社会主义核心价值观教育是思想政治教育的关键环节，社会主义核心价值观教育和思想政治教育的价值目标是契合的,价值观的引导是研究生教育落实立德树人的必然要求和根本遵循,导师则是实施价值观引导的关键力量,是研究生成长成才的指导者和引路人。导师和研究生的关系是一种特殊的社会关系和人际关系,是导师和研究生为实现教育目标、以各自独立的身份和地位通过教与学的直接交流活动而形成的多性质、多层次的关系体系。研究生专业课程之余的全部学习活动均是以导师为核心开展的研究性学习,导师的教学活动成为研究生学习阶段的核心内容。导师既是研究生专业学习、学术研究、科研实验的指导者与引路人,也是研究生学习生活中接触最频繁、交流最密切、关系最亲近的师长与朋友,导师的治学态度、学术人格、处世风范等素质对研究生具有重要示范与导向作用。而且导师与研究生关系形成是基于双方的双向选择。因而,研究生对导师本身便具有高度认同感,在日常学习交流中倾向于将导师视为人生楷模,自发主动地学习、接受、内化导师的思想方法与价值观念。这些构成了研究生导师指导研究生进行社会主义核心价值观教育的天然优势。进一步加强和改进研究生社会主义核心价值观教育,导师作为研究生教育的主要实施者责无旁贷。高校必须强化导师的责任意识,提高导师的育人站位,提高导师肩负起研究生群体社会主义核心价值观教育工作的自觉性。广大研究生导师必须坚持立德树人、以人为本的教育理念,从为国家和社会培养社会主义的建设者和接班人的立场,立足人才成长规律的视角,思考新时期研究生社会主义核心价值观的目标是什么、研究生群体所需要和所接受的教育内容和方式是什么,尤其要自觉在研究生学业指导和学术培训的过程中融入社会主义核心价值观元素。导师是一个学识渊博、经验丰富的人,扮演支持者的角色,监督、鼓励一个学识相对较少、经验不足的人,促进其学业和个人的发展。广大研究生导师必须以思想、学习、心理、生活、未来五个方面为切入点,对研究生群体进行多维度、立体化、全方位指导,推动社会主义核心价值观教育在研究生教育中落地生根。

5.1 研究生导师“导思想”

一名研究生导师首先应该是传授思想、培养道德的传道者。导师是否有正确的政治信仰,是否有符合社会主义发展的世界观、人生观、价值观直接影响着研究生的社会主义核心价值观教育成效。研究生导师要坚定理想信念、提高道德修养,以自身的思想素养和道德修养感染学生、感化学生,坚持身教重于言传的教育理念。导师自身良好的价值观、道德品质对研究生价值观的形成有着至关重要的指引作用。爱因斯坦对居里夫人有这样的评价“第一流的人物对时代和历史进程的意义,在其道德品质方面,也许比单纯的才智成就方面还要大。即使是后者,它们取决于品格的程度,也远远超过人们通常所认为的那样。”[①]在研究生

① 孙红.析高校课堂教育中的隐性教育[J].边疆经济与文化,2008(12):127-128.

社会主义核心价值观教育中，导师要以身作则，做好思想指引工作。

研究生导师应该加强研究生在思想上对社会主义核心价值观的认同感，让社会主义核心价值观的 12 个词、24 个字在研究生心中生根发芽。研究生只有对社会主义核心价值观产生心理认同，他们才会去主动践行社会主义核心价值观。在当前多元文化价值冲突的情况下，要加强研究生对中华优秀传统文化和社会主义先进文化的认同感，才能使研究生对社会主义核心价值观的文化来源和底蕴有清晰的认识。研究生导师还应对研究生进行全面的社会主义核心价值观教育，把社会主义核心价值观的 12 个词、24 个字贯彻到研究生思想的方方面面，通过言传身教引导研究生将个人的"青春梦""人生梦"和实现社会主义共同理想的"中国梦""民族梦"结合起来并为之奋斗。

研究生导师作为学术团队的第一责任人，在团队建设中，要时刻围绕爱国精神、集体精神、公共意识等，培育研究生群体对社会责任的担当，让研究生在思想上深刻领悟社会主义核心价值观的内涵，做一名合格的社会主义核心价值观践行者。例如，社会主义核心价值观倡导"爱国"，爱国是每个人首先应该做到的一点，导师应引导研究生在思想上根植对祖国的深厚感情，指导研究生全面客观地认识新时代的中国国情，理性全面地看待外部世界，让爱国主义精神在研究生群体心中扎根，把个人的理想目标和国家建设紧密地联系在一起。研究生导师应努力把研究生培养成为人民大众服务、为中国共产党治国理政服务、为巩固和发展中国特色社会主义制度服务、为改革开放和社会主义现代化建设服务的社会主义核心价值观的坚定信仰者、积极传播者、模范践行者。袁隆平，中国杂交水稻育种专家、中国工程院院士，曾任中国国家杂交水稻工作技术中心主任暨湖南杂交水稻研究中心主任、湖南农业大学教授、中国农业大学客座教授、怀化职业技术学院名誉院长、联合国粮农组织首席顾问、世界华人健康饮食协会荣誉主席、湖南省科协副主席和湖南省政协副主席，他被誉为"杂交水稻之父"。身为研究生导师，袁隆平自身对祖国和人民始终怀有深厚的感情，他常说："科学研究是没有国界的，但科学家是有祖国的，不爱国，就丧失了做人的基本准则，就不能成为科学家。"就连他平时的一言一行也都在潜移默化地影响着他的学生。1987 年，联合国教科文组织给了袁隆平 1.5 万美元的奖金，这在当时是一笔巨款。但是，因为袁隆平心系我国农业发展，他并没有将这笔钱用于个人享受，而是将钱全部拿出来，设立了一个杂交水稻基金，专门奖励有成就的中青年科技工作者。同时，袁隆平把身边英语好的年轻助手都尽力送出国深造，这样做的目的是想要把杂交水稻推广出去，让世界看到中国力量，造福全世界。袁隆平始终将自己的个人理想同国家、民族的奋斗目标统一起来，把自己的人生追求同社会的改革实践结合起来。他始终有一颗爱国心，并把它付诸实践。这也正是社会主义核心价值观所倡导的爱国。在人生追求上，要将"小我"的奋斗，同"大我"的发展结合起来。钱学森在祖国满目疮痍、一穷二白的时代就立下了学成必归、报效祖国的誓言。在听到中华人民共和国成立的消息后，他毅然放弃美国的优厚待遇回国，致力于中华人民共和国的火箭和导弹研发事业，用几十年如一日的辛勤劳动和卓越贡献诠释了"科学没有国界，但科学家有自己的祖国"的人生信条。施一公辞去美国普林斯顿大学终身讲席教授的职位,回到清华大学教书育人,目的就是"改变清华的学生,就是希望三分之一的清华学生能够在个人奋斗实现自我价值时,脑子里有一个大我"。在他们看来,国外优厚的待遇并不能成为放弃祖国的理由,而越是在祖国和人民的"大我"需要时,就越要将个体价值与社会价值紧密相连。在价值实现上,"小我"要超越"小我"成就"大我"。著名地球物理学家黄大年毅然放弃国外的优越条件回到祖国,把爱国情、强国志、报国行融入祖国的科研事业、人民的幸福生活中,心有大我、至诚报国。

新时代,研究生群体只有从"小我"做起,从自身的学习和工作做起,将"小我"融入祖国、人民的"大我"中,提升"小我",成就"大我",才能真正成为能够担当民族复兴大任的时代新人。关于社会主义核心价值观的"诚信"教育,现在各个行业都是采用诚信一票否决制,足以看出当今社会对诚信思想的重视程度。导师对各种不合理的现象要因时制宜、因地制宜地采取相应的最佳方法和途径来切实加强研究生的思想教育。例如,部分高校逐渐开始尝试开设覆盖研究生新生的关于科研诚信的公共必修课程。中国农业大学武维华院士率先于2010年在生物学院面向研究生群体开设了"科研道德规范与学风建设"课程。当年开设这门课程的初衷,就是想让研究生群体在科研实践工作中逐步培养严谨、自律、规范、诚信的学风。参加这门课程的研究生普遍反映受益匪浅。于是,2013年中国农业大学在全校各学院开设"科研诚信与学术规范"课,并将此课程作为公共学位课,要求所有研究生必修。在师资方面,中国农业大学也采取了"豪华配置",中国农业大学共有6位院士、3位学院书记、16位主管研究生副院长先后担任该课程主讲教师,对研究生进行诚信教育,彰显该校对诚信教育的重视。

当前,随着网络时代的到来和各种文化输入,社会思想文化呈现多元、多样、多变的趋势,研究生在意识形态方面受到新自由主义、历史虚无主义和享乐主义等各种西方错误思潮和理念的侵蚀,其价值观也受到一些冲击,出现一些问题:如在人生目标确立上出现功利主义和利己主义,在职业价值观中缺乏奉献精神和道德认识,不能做到言行一致。因此,导师就应该加强对研究生的思想引导,强化研究生的道德信仰与定力,帮助研究生厘清价值观上的误区,面对道德选择时,做到表里如一、知行合一、始终如一,才能砥砺前行。

5.2 研究生导师"导学习"

学术关系是教育语境下的导生关系,是导生基础的和主要的关系形态。在这种关系中,要求导师具备指导学生科研的能力,具有在学生需要时为其提供相应指导和帮助的基本责任感,能够时刻发挥自身的引导作用。导师在学术方面扮演的角色丰富多样:提供专业指导的专家，科研训练中的教练，积极的提问者、批判者、督促者和激励者，科学精神和态度的示范者、学业支持者。研究生导师作为学术人，既是学科的守卫者也是组织的受雇者。作为学科的守卫者，研究生导师是学术共同体的一员，需要具备学科研究者的资格；作为大学的受雇者，研究生导师是“组织人”、是教师，需要成为一名合格的指导教师。导师应该帮助研究生树立良好的学术道德，自觉遵守学术规范，讲究博学、审问、慎思、明辨、笃行，崇尚士以弘道的价值追求，真正把做人、做事、做学问统一起来。

研究生导师应该拥有较高的学术水平和敬业精神。著名教育家陶行知先生说“学高为师，身正为范”，研究生的思想素质和道德品质直接受到研究生导师潜移默化的影响，因此，研究生导师要有很高的学术水平和良好道德修养，才能对研究生起到良好的表率作用。学术水平是指研究生导师适应学科研究人员、研究生指导教师等多重身份所必须具备的相关知识水准与学术能力，主要由“知识基础与素养”构成。“知识基础与素养”包括了导师的学科专业知识、跨学科知识、治学知识、指导知识以及相关法律知识，是导师开展指导工作的全部知识基础。研究生导师对待学术应有求真务实、严肃谨慎的精神，把学术自由、学无止境作为自己的职业追求。例如，卫兴华，我国著名马克思主义经济学家，“人民教育家”国家荣誉称号与“最美奋斗者”荣誉称号获得者，著作有《政治经济学研究》《我国新经济体制的构造》《市场功能与政府功能组合论》等。从卫兴华的出身，便知他早年求学的艰辛。他曾因日军入侵而辍学，也曾因参加地下工作而被捕，但他始终没有中断自我研习、自我提升，而是在有条件时一本又一本地“啃”书，坚持学习、思考，直到生命的尽头。外界常赞卫兴华为“马克思主义经济学研究泰斗”“经济学理论研究大师”。他本人却不以为意，反而最怕听到“泰斗”这样的叫法：“这些是外面朋友给我戴的高帽子。我知道是对我的鼓励，但是这帽子太大了。”正是秉持这样谦虚、勤奋的作风，卫兴华教授辛勤耕耘，从教 60 载，为经济学界培养了大量人才。他的学生回忆他的教导时，总能想到他反复强调的“不唯上、不唯书、不唯风、不唯众，只唯实”的学风和治学态度。卫兴华时常叮嘱弟子，不能做“风派理论家”。他在 94 岁时，虽然病痛缠身，但仍坚守在教学一线，每天学习、工作不止，原因是：“我不赞同流行的什么老年同志要发挥余热的话，余热表示炭火燃尽了。而我还在继续燃烧呢！”此外，中国人民大学的领导来探望他时，卫兴华还特意嘱咐道，一定要把人民大学经济学院办成世界一流的经济学院，一定要出有世界影响力的经济学家，不要跟着人家跑。面对经济学家出场费越来越高的社会现实，当有活动主办方向经济学院行政人员询问卫兴华的“出场费”时，卫兴华告诉行政人员：“千万别跟人家讲钱，跟他们说‘卫老师从来不讲这个，给不给都可以’。”

研究生导师是研究生进行科学研究的启迪者和引路人。导师的理论观点、科研能力和学术地位随时都潜移默化地影响着研究生。科研能力强、学术造诣深的指导教师，往往能对研究生在学习、科研过程中遇到的疑难问题，做出高屋建瓴的科学回答，以不断激发研究生的工作热情和开拓、创造的欲望。研究生学习是导师与研究生围绕高深知识而展开的指导与被指导过程，这意味着一切有关的过程，无论是知识前沿的探寻、学位论文的选题、研究方法的习得还是批判与创新能力的培养，都离不开大量相关文献的阅读及其理解，这就需要社会主义核心价值观所提倡的“敬业”。[①]因此，研究生导师要在学术上保持严谨的学习态度，兢兢业业，树立终身学习的价值理念，钻研学科的重难点问题，不怕苦、不怕累，学人所长，补己之短，营造一个团结进步的学术氛围。卫兴华教授在多年的教学生涯中，始终坚持实事求是，始终坚持教书与育人相结合。他认为，对马克思主义经济学的教学和阐释，要结合国内外的经济社会实际，让学生真正认识到马克思主义经济学的科学性和与时俱进的特点。正是基于这些教学研究理念，卫兴华教授在勤于治学的同时，始终勤勤恳恳、悉心授业。他在耄耋之年，依然坚持带博士生、博士后、访问学者。他的弟子中有不少人成为教授、博士生导师，还有的在政府部门任要职，有的成为大学校长、著名经济学家。同时，卫兴华常常教导学生，要敢于独立思考、善于独立思考、勇于独立思考。他在与学生交流时，主张教学相长，鼓励大家提出不同意见。他的弟子几乎都知道，卫兴华有时写了文章会让学生提意见，还说“大胆提，提得好我给你们发红包”。

研究生导师要对研究生进行学术道德、学术规范方面的教育，营造一种平等、公平、诚信、自由的学术氛围，这对研究生社会主义核心价值观教育意义深远。一般来说，研究生比本科生知识更为全面、扎实，阅历、见解更为丰富，他们具备了较好的自学能力和从事较复杂、高度抽象的思维活动的条件。研究生的教学过程，导师不是采取直接的知识传授形式，而是采取启发、引导、排疑解惑的方法，开拓研究生的眼界，训练研究生的思维，强化研究生在学习当中的主体地位，充分调动研究生学习的积极性和培养其独立思考的能力，这就需要导师营造一种双方“平等”的学习氛围。导师启发研究生提出问题，使研究生及时把握学科前沿及发展动态，这有利于他们进行创造性研究，还有助于导师和研究生有效地沟通交流，实现知识传授和价值塑造的双赢。在研究生学术道德方面，导师要让研究生明确学术诚信的重要意义，指导研究生系统学习学术规范，培养学生养成严谨务实的科学作风、一丝不苟的科学态度、锲而不舍的科学精神，避免急功近利、弄虚作假、急于求成的“唯成果至上”的心态。傅廷栋，华中农业大学教授、中国工程院院士、第三世界科学院院士，荣获“全国脱贫攻坚先进个人”称号。他专注杂交油菜育种60余年，带领团队培育了近60个油菜品种，被称为“世界杂交油菜之父”。他是一名始终奋战在扶贫一线的科学家，年过八旬，依然常年奔波在全国各地的油菜田里，傅廷栋被学生称为“下田上瘾的人”。如今每年油菜开花、收菜籽时，傅廷栋还会下田，有时候跟学生们在田里一天工作七八个小时，暑假会带学生去甘肃等西北地区。1975年到现在，几十年如此。傅廷栋把油菜地当成了传道授业的主战场，坚持在田间地头、生产一线培养学生、培育团队，与学生和同事一道带领百姓脱贫致富。到今天，傅廷栋院士已培养研究生500多名，他们中的许多已成为国内外油菜研究领域的学术带头人和扶贫骨干；从曾经的国家深度贫困县走出了200多名油菜硕士、博士研究生。他带出了一

---

① 杨春梅.论研究生导师的有效指导[J].学位与研究生教育，2009(12)：12-16.

支在国内外有重要影响的科研团队、扶贫团队，团队现有博士 17 人、教授 10 人，先后获得国家科技进步一等奖 1 项、二等奖 3 项，省部级科技进步一等奖 8 项，在全世界油菜领域发表 SCI 论文最多的 10 位作者中，来自傅廷栋院士团队的就有 3 人。正是傅廷栋院士这样事事亲为，几十年如一日，对科研锲而不舍、刻苦钻研，才培养出这么多正能量的社会主义接班人，塑造出适合我国社会主义发展的时代新人。

当前，学术道德失范现象不仅出现在科学界，而且出现在高等教育界。在研究生群体中必须大力倡导并形成遵循学术道德、崇尚诚实劳动、鼓励科研创新、保护知识产权的良好氛围。可以将学术道德、学术规范及知识产权等方面的知识纳入研究生德育教学内容体系。导师面对研究生学术造假不良事件要发挥其在研究生学术道德培养过程中的关键核心作用，坚决抵制学术腐败。做人是做学问的基础，诚信是衡量研究生品质和学风、学术道德的根本，要教育广大研究生群体永远做正确的事、永远做绝对正直诚信的人。研究生导师要广泛开展诚信教育，强化研究生的诚信意识，使其重视自己的品德修养，培养其良好的学风和学术道德。同时，"诚信"是科学工作者开展科学研究活动的自觉约束机制，也是社会主义核心价值观在个人层面的要求。对于保证科学研究的严肃性和社会公信力，对于学术自身的继承、发展和创新，对于社会公众的价值理想认同和价值导向认同，"诚信"都发挥着重要作用，这关系到整个社会的风气和整个民族的精神状态。因此，导师自身必须不断提升学术诚信道德意识，自觉对照学术道德规范要求"正衣冠"，进而将学术诚信作为一个基本的学术要求，贯彻到自己的研究和教学指导过程中，提升学术道德的内化程度和水平，并引导和教育研究生形成良好的学术道德操守。利用导师的"权威性"，把"学术道德"的分量充分落实到研究生教育中去，对症下药，不断强化研究生的学术诚信，促使他们恪守学术道德、捍卫学术尊严，才能让学术生态风清气正。

研究生导师必须充分让研究生认识到"无德之才不过无本之木，终难成大器"，研究生才能在警醒中形成正确的价值观，才能从根本上防止失德蔓延、规避失德重演。在学风教育方面，导师要将对研究生严谨、和谐、友善的学风教育作为教育重点。对于研究生健康成长有鲜明导向作用的最好的办法是营造良好的实验室团队文化氛围。研究生导师要以科研实践、学术研讨为主要抓手，关注研究生的学风教育，抑或培养研究生的学术志趣和学术追求，勇于创新，抵制学术腐败。华南理工大学教授程镕时在指导学生时带着强烈的使命感，程镕时事必躬亲，即使年纪增大、身体不适，他仍经常去实验室，参与学生论文的选题，对学生论文的指导几乎全程跟进。程镕时常说，人上讲台，心更要上讲台。他告诫学生无论是做学问还是做人，都要踏实诚恳，科研工作就像在茫茫大海里划舟，要能耐得住寂寞，面对惊涛骇浪，要能经得起一次次失败。他鼓励学生要有创新精神，不要盲信文献，要敢于超越前人。在高等教育大众化、研究生培养规模化的背景下，一个学科、教研室，一个师门下的研究生数量是很庞大的。在有限的空间和资源条件下，为了达到既定的科研目标，环境控制、资源竞争成为必然。如何把一个成规模的群体从"乌合之众"变成"高效团队"呢？这就很考验"师生科研学术共同体"中的核心人物——导师的管理才能。管理得好，团队目标一致、士气十足，而且分工合作、井然有序、气氛融洽，科研产出惊人；管理得不好，人心涣散、相互内耗、互相斗气，甚至恶意事件层出，科研效率低下。常州工学院土木建筑工程学院教授代国忠常说"做科研，单打独斗是不行的，一定要有团队意识，要注重团队的打造和建设。"认知自觉促使行动自觉，2015 年，代国忠牵头的"地基基础与环境岩土工程"科技创新团队被批准为校级优秀科技创新团队培养对象。3 年培养期间，他一再强调团队协作的重要性，并与团队其他 5 位成员精诚团结、合作分工，经常性开展探讨交流、把握前沿，使该科技创新团队于 2018 年年底以"优秀"结题。对手下的硕士研究生，代国忠也是悉心指教。"研一第一学期，代教授就根据专业特点和常州大学的课程要求，为我的课程选择作了精细安排。从第二学期起，他不仅从学业要求到研究方向都对我提出更加细致严格的要求，而且煞费苦心引我走上科研之路，带我去定制实验器材、购买耗材；实验结果不理想时，他总是耐心开导我；多次带我参加学术会议，拓宽我的眼界。"常州工学院与常州大学联合培养的硕士研究生、现任常州工学院化工与材料学院专职辅导员朱加满怀感激地说。正是得益于代国忠的谆谆教诲，朱加在硕士期间就发表了 SCI 论文 2 篇、EI 论文 2 篇、中文核心论文 1 篇。"凝练学科方向、打造学科团队、强化学术氛围，尊重科研内在规律，持之以恒朝着既定的目标去积累。"这是代国忠多年如一日做科研的经验之谈，也是他对学院科研发展的建议，"只有各学院的科研上去了，学校的科研实力才会不断增强。因此，研究生导师不仅要擅长某一领域的科研工作，还要擅长管人理事、运营"科研学术共同体"；不仅要做好传道授业解惑，还要加强对实验室的管理和研究生科研团队的管理，确保实验室的安全、有序运作，科研人员的相互合作、协同创新，营造和谐、友善的学术氛围。

同时，作为研究生培育的第一责任人，学术自由是高水平知识生产的前提。研究生作为学术新手，在导师的指导下展开学术研究，同样享有充分的学术自由。为了保证知识的准确和正确，学者的活动必须只服从真理的标准，而不受任何外界压力影响。导师在学术指导方面要时刻注意自己的言行，防止对研究生的学习自由和学术自由造成损害。所以，导师在指导研究生的过程中要做到尊重学生的学术兴趣，不干涉学生的学习自由和学术自由；对有争议的问题保持中立，除非学术界已有定论，否则不要贸然做出否定性评价。当研究生学位论文选题与导师的研究兴趣、研究专长发生冲突时，导师应当尊重研究生的学术兴趣，并为实现这种兴趣提供支持。导师和研究生要坚持求真创新的科研精神，研究生与导师的交往才不会偏离规范。研究实验过程中，有时不同现象极有可能产生重要结果，这时就不能以浮躁或急功近利的心态去对待。导师要指导研究生对问题锲而不舍，多次实验加倍努力，这不仅能在研究上取得进展，还能在学术上有所突破或创新，更重要的是可培养研究生的耐心、细心和恒心，培养他们面对困难严谨治学和敢于创新的精神。著名教育家张伯苓，他就倡导学术自由。他是我国近现代教育改革发展的重要参与者，他创建了南开大学、天津南开中学、南开女子小学等学校。张伯苓提倡学术研究，活跃学术氛围是提高教师素质、增强教师队伍凝聚力的重要环节。他指出："一个大学学府的重要，不仅在能造就会念书的学生，而犹在养成一种学术的空气。因此，一个大学在社会上的地位如何，它们的学术活动是第一件值得让人注意的。”直到晚年，张伯苓仍然强调“教学与研究，二者相辅相成，互生互利，不可偏废”。南开主张学术自由，学术上的兼容并包和民主宽容的态度，有力地助推教师的学术探讨，活跃了学校的学术研究。南开的研究工作强调为国家和社会服务。在“知中国”“服务中国”办学宗旨的指导下，学术经费虽然一直比较短缺，但教师依然努力坚持学术研究不停步。学校成立了经济研究所和应用化学研究所，招收研究生，为社会发展做出了令人瞩目的贡献。南开物理学教授陈礼、南开生物系教授李继侗、南开生物系教师殷宏章（后为中国科学院院士）的研究工作都曾经处于国际领先地位。文科的学术研究最早都是从资料研究起步的。蒋廷黻对中国近代外交史料的研究、何廉对天津各种商品价格的调查、张彭春对中学教育改革的调研、范文澜对《文心雕龙》的探讨，都取得了颇具特色的成绩。这些成就的基础在于南开大学有自由的学术氛围。

最后，导师的学术理想和价值观也至关重要，导师在师门中营造爱国主义和个人理想相结合的学术风气，会直接或间接地影响学生的学风，这属于隐形教育的一种，促使研究生在学习科研过程中自觉地把自身利益和国家利益联系起来，把自身的学习动机与树立崇高的理想信念联系起来。导师要树立正确的科研观，端正科研动机，把追求真理无条件地置于个人利益之上。只有在正确价值观念的引导下，导师才会扮演起教育者的角色，才会承担起培养研究生科研能力、创新能力等的责任。研究生才会端正自己的学习态度，在师生交往中更加积极主动。中国科学院院士、高分子物理及物理化学家、华南理工大学教授程镕时，自 1978 年起，程镕时除科研工作外，还开始担负起研究生培养工作。此后，他于 1983 年进入南京大学，1995 年进入华南理工大学，他将相当多的精力投入培养学子的事业中。怀着一颗师者之心，程镕时希望每个学子都能成长为参天大树、国之栋梁。“我刚读程先生的博士的时候，第一次去他家，他就对我说：‘做科学研究要有献身精神，要淡泊名利，踏踏实实做好每件事情。’我现在有很多培养学生的习惯就是从程先生那里学来的。一方面，他非常平易近人，总是不断鼓励学生；另一方面，对课程和研究要求又非常严格，容不得半点马虎。程先生的勤奋和自律，更让我懂得在要求学生之前，自己必须以身作则。”程镕时的学生们一直谨记教诲。一个优秀的老师，应该是“经师”和“人师”的统一。好老师心中要有国家和民族，要明确意识到肩负的国家使命和社会责任。程镕时先生怀着对国家富强的一腔热血，对民族复兴的使命担当，教育学生为人、为学、为事，深得广大师生的尊敬和爱戴。研究生只有心怀坚定爱国的意志，努力做到慎独、慎初、慎微、慎终，才能固守思想宝地。

5.3　研究生导师“导心理”

心理关系是导生关系的重要组成部分，是导生间建立起来的深层心理连接。心理健康指的是具有活力、良好的内心体验，积极的社会适应的一种状态，可以充分挖掘一个人的潜力,具有积极的社会功能,具有与生理年龄相符合的心理成熟度和行为。研究生心理健康影响因素包括社会因素、学业因素、心理因素和人际关系等。研究生存在的主要心理问题为焦虑心理:研究生的头脑比其他普通青年个体的头脑活动更为频繁和剧烈,往往承担着较大的科研压力和毕业压力,容易产生各种烦恼,表现出的焦虑心理比常人突出。研究生心理健康教育在研究生成长成才、家庭和谐稳定、社会繁荣兴盛中均起着重要作用。[①]对个人而言,研究生心理健康教育有利于培养研究生良好的心理素质,遇到困难迎难而上,遇到失败从头再来,促使研究生成长成才;对家庭而言,研究生心理健康教育会消除家人之间的沟通障碍,有利于家人互帮互助,减少家庭矛盾,从而维系家庭和睦稳定;对社会而言,研究生心理健康教育有利于培养心理健康的社会主义事业接班人,适应高速发展的社会和激烈竞争的现实,促进社会稳定快速地发展。

目前,研究生心理状态的主流是健康、积极、向上,他们热爱生活、热爱自然,能够保持积极乐观的心态,拥有良好的人际关系,能够较好地控制情绪、较好地调节自己以适应社会。但我们也可以看到,仍有部分研究生存在各种各样的心理问题。近年来,研究生叛逆与家庭势不两立、与教师激烈顶撞、与同学斗殴滋事的事件时有发生,更有甚者,轻视自己的生命,拿自杀当儿戏,给家庭和社会带来极大的负面影响。因而,进行及时而有效的心理疏导不仅是研究生思想教育和价值观教育的重要组成部分,更是预防和缓解师生矛盾的有效措施。心理疏导强调心理学知识和技能运用,辅导人们解决自身思想矛盾与困惑,舒缓情绪,达到心理稳定和态度淡定,促进个人内心和谐,实现精神支撑对个人行为指导。我国的研究生培养模式使得导师与研究生之间有着亦师、亦父、亦友的密不可分的联系。因此,充分发挥导师在研究生心理健康教育方面的指导作用,以良师益友的角色,引导研究生树立坚定正确的政治方向,生活中要指导学生学习做人,学会与人相处,积极乐观,引导研究生全面认识自我、悦纳自我与发展自我,引导研究生将个人理想和共同理想结合。个人理想是个人对美好生活的追求和向往。个人理想和共同理想越契合,个人的精神境界就越高,精神动力就越强,实现的可能性也就越大。反之,个人理想与共同理想越背离,则精神境界就越低,精神动力就越弱,实现的可能性也就越小。在革命、建设和改革的各个时期,无论是井冈山精神、长征精神、延安精神、西柏坡精神;或是铁人精神、抗美援朝精神;还是"两弹一星"精神、雷锋精神、焦裕禄精神、女排精神等,其背后的实践主体都是自觉地将个人理想与共同理想紧密结合的先进个人。

习近平总书记在全国高校思想政治工作会议上强调:"要坚持不懈促进高校和谐稳定,培育理性平和的健康心态,加强人文关怀和心理疏导。"因此,关注研究生的身心健康,加强与研究生的心理互动、交流与沟通是当代高校教育改革的关键环节,也是研究生导师培养研究生不可缺失的一部分。教育学家苏霍姆林斯基曾经讲过:"教育者的关注和爱护在学生的

① 张玲玲,刘雁红.发挥导师在研究生心理健康教育方面的指导作用[J].中国轻工教育,2018(1):44-58.

心灵上，会留下不可磨灭的印象。”研究生导师给予的人文关怀和心理疏导对研究生阶段的培养至关重要，良好的心理指导能引导研究生形成健康健全的心理与人格，树立正确的世界观、人生观和价值观，培养优良的思想道德水平，形成严谨求实的科研态度。同时可以拉近导师与研究生之间的关系，促进课题组内部形成一种相对融洽友爱的氛围，与研究生的科研培养起着相辅相成的作用。一般来说，导师工作任务繁重，要承受一定的工作压力，而良好的心理素质能够化压力为动力，促使工作被完美地完成。同时，导师在工作中难免会遇到难题，受到挫折，此时需要拥有“不以物喜，不以己悲”的豁达胸襟，保持清醒头脑，不急不躁，冷静对待，为研究生做出榜样，这样研究生也就可以学习导师良好的心理素质，对构建正确的价值观有正向作用。导师应该充分了解研究生的心理与情感，与研究生建立良师益友的关系，建立民主公平、诚信友爱的师生关系，坚持师生始终处于平等地位，相互尊重，民主公平处理共同的事情。彼此之间相互信任，走进研究生的心灵，提高感染力，才能真正起到正确引领的作用。

研究生导师要具有温暖的品质，能够关心、体谅、宽容、信任研究生，让研究生通过导师的行为感受到温暖。比如说，对一些研究生犯下的错误，导师要心平气和地对待，并采取恰当的方式帮助其改正错误，不要让其有很大的心理压力，从而将这个错误变成研究生不断进步的阶梯。只有不断地与研究生交流沟通，让每位研究生时常感受到导师的温暖，才能使得研究生更加配合导师的心理指导，树立正确的价值观。研究生导师在研究生教育中，应善用登门槛效应，让学生先接受较小的要求，促使其逐渐符合更高的要求。循序渐进地提出对研究生的独立性和自主性学习的要求，让学生以轻松的心态学习，消除恐惧心理，逐渐培养研究生的创新思维能力。研究生阶段的专业知识已经和教师相差不远，教师应将有关学习的经验和方法运用到学习新知识中，在课堂上充分调动学生学习积极性的同时，学习教学系统迁移，这样既增强了学生处理问题的能力，又可以激发学习动机，积累知识经验。同时，导师要树立正确的教育观念，对每一个研究生都要寄予厚望，从而使导师对研究生的期望成为促进研究生向着社会需要发展的动力。教育者培养的这些新时代研究生是中国梦能够实现的中流砥柱，导师对他们的期望也要科学、全面、面向未来，从而使期望成为对新时代研究生的一种引领。导师对研究生们的影响实际是潜移默化的，有时是不能立刻有效果的，这时就需要导师的耐心等待，要对研究生们给予持之以恒的期望，给予心理上的鼓励，这样才能真正起到激励新时代研究生的作用。当前，随着高等教育的深入改革，研究生学业、生活等方面的压力与日俱增。同时，对就业前景的理想化展望与残酷的现实环境之间的落差也给研究生造成了较大的精神和心理负担。导师发现研究生有心理问题后，要设身处地为学生着想，动之以情，晓之以理，将自身处理问题的经验以研究生能够接受的方式传递，博得学生的信任，建立互通互信的良性关系。

研究生导师应引导研究生从内心全面认识自己。如果一个人能全面地认识自我，就能成功时不骄傲自满，失败时不自暴自弃。只有突破自我封闭，拓宽生活范围，增加生活阅历，扩展交往空间，积极参加活动，才能多方面、多角度地认识自我。悦纳自己，是可以愉悦接受自己本来面目的态度。发展健康的自我体验的关键和核心是能够悦纳自己。在这些过程中,导师要引导研究生正确分析自己的活动表现和成果,从而发现潜在的兴趣爱好,进一步发展成自己的长处;同时应该不断关注自己的心理活动,进行自我批评,从而更深刻地认识自己;也应该鼓励学生超越自己,不满足现有的成绩,更要引导研究生积极投身社会主义建设中,只有这样才能与别人进行比较,从而看清自己的优劣势,取长补短,缩小差距,成为社会主义的接班人。

情感是导学互动的助推剂。实践证明,情感的缺乏是造成教育失败的一个重要原因。导师对研究生满怀关切,研究生对导师充满敬爱,在导学互动中温情涌现,不仅有利于师生之间建立起相互信任理解的和谐关系,更能够在师生间建立起一生的桥梁。人与人之间越有亲切感、亲近感,心理距离就越贴近,心理就越相容,感情就越融洽,其亲和力、吸引力、影响力就越大。如果导师平时和蔼可亲、平易近人,研究生感到导师既是严师又是挚友,彼此没有心理隔膜,亲密无间,可以使得研究生在一种非常和谐、愉快、充满信任和至爱的氛围中接受价值观教育,使思想教育和情感交流同步进行,在激发、调动研究生积极情感体验的同时,自然而然、顺水推舟地促进其认知,其教育效果远比在一种消极、低沉、对立的情绪中苦口婆心地说教好得多。如果导师摆出一副代表真理的“权威”面孔,动辄训人,这也不是,那也不对,或者对研究生的喜、怒、哀、乐和各种困难处境漠不关心,那么研究生就会对导师失去好感、信任,师生关系就会比较平淡或紧张,双方心理距离就会越拉越大。心理距离是人与人之间情感的排斥力、对抗力、破坏力,人与人之间有了心理距离,就必然影响、阻碍正常的情感交流与沟通,对人际关系的协调产生负面影响。研究生导师要特别重视情感因素在研究生培养中的维系作用,所谓“天时不如地利,地利不如人和”就包含着人与人之间和谐的情感因素。沟通、分享、协调是研究生导师情感交流的集中体现,贯穿导师指导的始终,是导师指导研究生的“利器”,如日常指导中的沟通交流、科研成果与经验分享、教研相长、师生匹配等。缺乏沟通、分享与协调等核心技能的研究生导师,将无法顺利履行学术指导、心理辅导、道德教育等指导职能。作为导师就应当坚守一些共同的价值取向和原则底线。比如,在指导学生的过程中,要公平地对待每一个学生,学会尊重每一个学生,平等地与学生进行交流,开放性地组织学生进行学术研讨,另外还要学会正确地掌握和运用批评与激励的工作方法等,否则将产生“负向”影响,不利于学生与导师之间的深度互动。同时要重视提升自己的人格魅力,尤其要注重加强自身学术修养、提升指导能力和指导效果,以吸引研究生愿意与自己打交道,愿意与自己交流互动。对于身兼数职或肩负多重任务的导师,要控制其指导研究生的数量,并要有针对性地进行动态跟踪管理,以确保其有充足的时间和精力来指导学生,与学生加强联系及交流互动。导师需要引导研究生调整好自己的心态,增强自信心,树立正确的学习观和学术观,平时要注重引导他们把时间和精力放在专业知识学习和学术积累上,以获得更多与导师联系、交流与互动的机会,才能有益于研究生价值观的塑造。

5.4 研究生导师“导生活”

价值观教育是一个系统工程,脱离生活场景的价值观教育只会是无源之水、无本之木。导师与研究生的互动交往,既涉及基于教学科研相关工作的学业交往,也涵盖非学术性的情感互动与日常交往。马克思指出:“社会生活在本质上是实践的。”①“人们自觉地或不自觉地,归根到底总是从他们阶级地位所依据的实际关系中——从他们进行生产和交换的经济关系中,获得自己的伦理观念。”②因此,培育研究生社会主义核心价值观教育要在日常生活中进行,把生活融入研究生社会主义核心价值观教育,在生活中寻找价值观教育内容,以生活的方式进行教育。

一个人格健全的研究生应该是一个饱含生活情趣的人,是一个在渴望学习进步的同时,也渴望交友、审美、娱乐、悠闲的“立体”的人。研究生导师不能割裂开“生活”的一面,仅从“科研”的角度来看待研究生;不能仅从专业、业务的角度和研究生交往,还要更多地关注研究生个人的家庭、朋友、业余爱好等;不仅敦促其做好学业规划和安排,更要捕捉他们的心理状况和性格特点,根据实际为他们制订合适的人生发展规划,给予更加全面的支持,做好“伯乐”。有研究表明,导师和研究生在建立正式导学关系的基础上,还要加强非正式的个人关系。导学关系通过正式渠道传授学科专业研究的显性知识,个人关系通过非正式的渠道传授道德品质、生活习惯、为人处世等隐性知识,以提升研究生学术科研的综合能力。事实上,研究生和导师的“导学”是否有效,很大程度上取决于师生生活领域的情感关系,即个人关系是否密切。新时期,研究生的辅导员在研究生的培养中发挥了一定的“人生导师”作用,研究生导师也应该在“成功学”“幸福学”等方面和辅导员协同发挥“人生指引”作用,这将彰显导师的独特人格魅力。③生活指导其实质是为人处世方面的指导,因为做人是一辈子的学问。导师通过自己身体力行、言传身教等方式对研究生的为人处世产生潜移默化的影响,要充分利用研究生导师自身所拥有的隐性教育资源。隐性教育是指行为主体在某种环境中,有意或无意地获得某种非预期的经验的过程。比如,导师身体力行某种高尚的价值观,进而对学生产生潜移默化的影响。在人生价值选择上,导师可以明确要求研究生不做“小人”,待人要诚恳,不去触碰道德底线。

20 世纪最具影响力的美国教育家杜威全力研究和主张自然主义教育,提出了著名的“教育即生活”这个重要命题。他认为“教育是生活的过程,而不是将来生活的预备”。杜威

① 中共中央马克思恩格斯列宁斯大林著作编译局. 马克思恩格斯选集:第 4 卷[M]. 北京:人民出版社,1995:213.

② 中共中央马克思恩格斯列宁斯大林著作编译局. 马克思恩格斯选集:第 3 卷[M]. 北京:人民出版社,1995:434.

③ 陈晓梅. 角色期待与呼应:新情况下研究生导师的角色变化[J]. 研究生教育研究,2016(1):70-74.

主张教育应植根于生活,倡导以生活为中心的教育。同样,我国著名教育家陶行知说:“教学做是一件事,不是三件事。我们在做上教,在做上学。”“事怎样做便怎样学,怎样学便怎样教。教而不做,不能算教;学而不做,不能算是学。教与学都以‘做’为中心。”这里的“做”就是实践,就是生活。社会实践有四大德育功能:社会实践是政治和道德知识的检验场,是强化政治和道德认识的路径;社会实践是德育所传导的积极精神的重要载体;社会实践是学生获得道德体验的主要方式;社会实践是个体通向社会的桥梁,是个体适应社会角色的途径。研究生导师有组织、有计划地引导广大研究生走出校门、深入社会,进行调查访问、志愿服务、公益劳动等社会实践活动,可以把抽象的理论教育变成具体的实践,大大增强研究生社会主义核心价值观教育工作的针对性、吸引力、感染力。开展社会实践有助于研究生增强使命感、强化服务社会的意识,形成马克思主义的世界观、人生观和价值观,把教育的宗旨、社会生活和自身的实际需要结合起来,达到良好的教育效果。研究生导师要发扬开拓创新的精神,积极探索贴近生活的价值观教育的新手段和新方法,引导研究生走入社会大课堂,探索和建立与专业学习、服务社会相结合的社会实践的机制,为研究生搭建校内外学术交流平台,帮助广大研究生发挥专业技能优势、在社会实践的过程中为社会发展做贡献。这有助于研究生树立劳动观念,培养艰苦奋斗、自强自立的精神,有助于丰富他们对国情、对社会的感性认识,加深对人民群众的了解,建立深厚的感情,增强他们的社会责任感和服务于社会的意识,有力地强化研究生社会主义核心价值观教育的效果。

首先,研究生导师要关心研究生的生活。美国当代著名的哲学教育家诺丁斯提出关心教育理论。她指出“关心是一种投注或全身心的投入的状态,即在精神上对某事或某人抱有某种责任感和牵挂感”。每个人在人生的各个时期都需要得到人们的理解、接纳、尊重和认同。因此关怀他人和被他人关怀都是人的基本需要。关心教育模式的主要目的是“培养有能力、关心人、爱人也值得人爱的人”。因此,在进行社会主义核心价值观教育时应回归到研究生现实生活中,关心研究生这一主体、突出研究生个人本位,真正深入研究生的生活和心灵。只有这样,才能真正实现研究生价值观教育目标。导师要以关心研究生成才的内在要求为出发点,制订出具有关心性质的价值观教育目标。这样才能充分调动广大研究生的主动性,引导其努力发展自我,进一步关心社会的需要与自身发展的密切关系,激发其主动参与并自觉地将社会的思想、政治、道德规范内化为自身的思想品德,再将对自己的关心扩大到关心周围的一切,如关心他人、自然、社会。

其次,研究生导师要注重将生活实际和研究生的思想实际、社会实际结合。研究生导师应结合每个研究生具体情况,及时关注和指导研究生的学习进展,并对他们的困惑和苦恼进行疏导;了解研究生的生活实况,尽力解决研究生生活中的困难;了解研究生关于未来的职业规划,为其提供就业指导,要关注研究生不同层次的需要,又要关注他们在不同层次上的发展,促进价值观教育的日常化、生活化。只有根植于生活之中,研究生价值观教育才能具有深厚的社会基础和强大的生命力。社会实践不仅是实践训练和提升能力的平台,更是研究生喜闻乐见的思想政治教育方式。在实际中,导师可以将社会主义核心价值观融入研究生的社会实践活动中,以爱国核心价值观唤起研究生的爱国情怀。爱国是公民层面的价值要求,居于社会主义核心价值观的首要地位,是近代以来中国人民和中华民族追求的重要价值观。要使研究生在实践锻炼中自觉地树立"只有把人生理想融入国家和民族的事业中,才能最终成就一番事业"的爱国价值理念。将服务国家和社会发展放在更关键的位置上,自觉将个人的前途与国家、民族的命运相系。同时,导师可以制订合理的策略、拓展社会实践渠道、提供参与社会实践的机会,引导、支持和鼓励研究生在读期间参与实践。通过企业实习、公益活动、志愿服务和社会调查等活动,让学生在与社会的交互作用过程中,拥有参与感和获得感,体会到自身作为新时代中国特色社会主义建设者和接班人的重要责任,强化社会责任意识和奉献意识。这样,就使研究生在关心实际中思考现实、理解社会、热爱生活、陶冶情操。现实世界是价值和意义的源泉,研究生价值观教育融于现实生活世界,符合时代发展的要求和方向。

最后,导师应从研究生生命的内在性出发,从研究生的生活史和成长史出发,关切那些触碰研究生内在性情与精神、影响他们价值选择与判断的关键事件,而不仅是关注研究生的成绩和分数,也不仅是对研究生在某一个时间点、某一个具体事件进行关切与召唤;需要导师嵌入研究生的生活世界或者网络化生存现实,把握研究生生命的完整性,对研究生进行深度理解和情境归因。唯有如此,导生之间才会达成平等对话、认同信任的情感交流,彼此存有共情感恩之心,研究生的主体性精神与品格德性更加充盈、导生互动动机更加强烈,导生互动的途径也会更加广泛,对于社会主义核心价值观的培育大有益处。

5.5　研究生导师"导未来"

知识就是力量,人才就是未来。习近平总书记强调:"党和国家事业发展对高等教育的需要,对科学知识和优秀人才的需要,比以往任何时候都更为迫切。"这就要求加强研究生社会主义核心价值观教育工作,坚持以习近平新时代中国特色社会主义思想为引领,培养和造就一大批具有坚定政治素养、鲜明价值追求与过硬业务能力的时代新人。研究生导师在研究生的未来取向中处于关键核心位置,决定着研究生未来的价值取向。未来取向是一种思想和行为上对未来的偏好,是个体对未来的思考和规划过程,与目标设定、积极预期以及任务执行等能力密切相关。一个人未来取向越高,越关注指向未来的利益,精力越投注于指向未来目标的当下行为,进而能够减少引起不良后果的消极行为,促进个人的长远发展。①未来目标能影响研究生群体的学习动机,进而影响社会主义建设过程。习近平总书记指出:"青

① 林东慧,王倩,彭飞. 提升大学生未来取向的心理健康教育活动探索[J]. 教育教学论坛,2020(43):87-88.

年是整个社会力量中最积极、最有生气的力量,国家的希望在青年,民族的未来在青年。"研究生群体作为青年群体中的中坚力量,肩负着实现国家富强、民族复兴、人民幸福的时代重任。导师指导研究生未来,有利于研究生社会主义核心价值观的塑造。

研究生导师应做研究生未来职业生涯的导航者。在这里,导师就是研究生人生的导航者,教育、激励和引导研究生的未来发展。研究生群体长期处在学生阶段,社会阅历较少且不够成熟,面对人生中的困难和选择容易产生迷茫和困惑。研究生尤其是博士研究生面对家庭、科研和工作多方面的压力,容易失去人生的方向,在困难中倒下或在迷茫中迷失自我。研究生导师拥有丰富的人生阅历,他们在人生的道路上也曾遇到过困难,并处理过很多的迷茫和困惑。并且,研究生导师大多拥有和研究生相同或相似的人生经历,其处理问题的方式方法对研究生的人生发展有着重要的参考价值。导师在对研究生的性格、能力和兴趣全面了解的情况下,可以对研究生的职业生涯提供重要的参考,引领研究生进行职业规划。充分发挥研究生导师的人生领航作用,对研究生形成正确的人生规划和定位有着深远意义。

在教育世界中,既存在科学世界范畴,也存在生活世界范畴。学术创新需要付出艰辛的努力,要经受挫折和失败。只有执着,才会使研究者从暂时的失败与挫折中获得继续前进的动力,才可能从研究细节中找到不断深入、不断完善的方向,也才可能形成具有自身特色的崭新研究方向和领域。①导师既要引导研究生去学习知识、研究学问、循着正确的科学道路前进,又要引导研究生树立正确的人生观、价值观,也就是学会做人,将追求真理的科学精神与以人为本的人文精神和谐一致地统一于人才培养中,做好对未来的职业规划。人的行为是一种有目的、有意识并在一定力量支配下的自觉的能动活动,是"个体特征"与"外部环境"共同作用的结果。换言之,人的任何一种行为,都受到来自个体自身特质、心理因素以及内外部环境等多种因素的综合影响。梅贻琦在《大学一解》中也曾提到:"学校犹水也,师生犹鱼也,其行动犹游泳也,大鱼前导,小鱼尾随,是从游也,从游既久,其濡染观摩之效,自不求而至,不为而成。"在研究生培养过程中,导师的言行、解决问题的方法和态度以及人格品质均对研究生具有潜移默化的影响作用。正如著名心理学家赫伯所说:"研究生能力的培养,不是通过老师说教,也不是在学习研究方法的课程中被教会的,而是通过老师和学生之间的朝夕相处而具体习得的。"研究生不仅受到导师学术上的指导,而且受到导师处世态度、个人习惯、行为方式的熏陶和人格魅力的影响。②

研究生导师的思想政治素质、道德水平是衡量一位研究生导师合格与否的首要标志。政治素质是研究生导师的精神支柱,是研究生导师整体素质的灵魂,也是对研究生施以感染和教育作用的重要源泉。研究生导师的思想政治素质的好坏、道德水平的高低,不仅对研究生正确世界观的形成和道德水平的提高至关重要,同时对研究生未来发展也有深远影响。

---

① 梁国钊.科研与道德[M].南宁:广西人民出版社,1986.

② 涂智君.浅谈研究生导师的人格魅力[J].中南民族学院学报(人文社会科学版),2001,(5):109-111.

因此，研究生导师要特别注重在思想、政治、道德品质方面的表现。研究生导师要树立正确的世界观、人生观、价值观，把全心全意为人民服务、无私奉献看作人生最大幸福和最高价值；忠诚于人民的教育事业，敬业爱岗爱生，尊重研究生人格，与研究生平等相处；要树立正确的教育观、质量观、人才观，增强实施素质教育的自觉性，这是影响激励研究生的强大精神力量。只有做好榜样示范作用，研究生才会耳濡目染地学习、领悟、运用到自己的未来生活中。在发展社会主义市场经济条件下，必须重视道德的力量。德性在塑造人的心灵程序和人格结构方面具有不可替代的作用，它是遏制邪念、恶欲、邪恶势力的滋长和蔓延的强大精神力量。德性是人之所以异于禽兽的本质所在，是人类文明的基石。没有道德的守护，我们的社会将会变成人人凭感性冲动和物欲办事的黑暗战场；没有道德的守护，我们的社会将变得人人自危，失去安全感；没有道德的守护，我们的社会将自绝于自己创造的文明。所以，我们要坚定不移地追求、弘扬人类社会最美好的道德——共产主义道德，研究生导师高尚的道德意识所表现出来的日常生活、学习、工作习惯、作风、为人处世准则、行为及点滴的言谈举止等，都对研究生产生着经常反复的感官刺激和心理震颤，感染着、润化着、启迪着研究生，耳濡目染久了，研究生会不自觉地模仿导师的思想和行为，将导师的人格和优良作风化作自己的思想和作风。随着教育过程的推进和深化，研究生的思想意识、道德标准，逐渐接近研究生导师的思想、品质，实现思想道德的“同化”。从而使研究生的思想政治素质和道德水平得到显著提高，达到“近朱者赤”的教育目的，总而言之，导师影响着研究生未来的方方面面。

司马光分析智伯无德而亡时写道：“才德全尽谓之圣人，才德兼亡谓之愚人，德胜才谓之君子，才胜德谓之小人。凡取人之术，苟不得圣人、君子而与之，与其得小人，不若得愚人。”[①]研究生教育也应按照这样的要求来培养人。把德性教育放在研究生教育的首位，德性的好与坏直接关系研究生未来的发展。针对诚信、名利、责任心、吃苦耐劳、勤奋、挫折、献身精神、务实创新等现实生活实践中具体多元复杂的问题，要注重解决的过程。导师的具体指导交流不仅是知识的传授方法的指导，还应包含着做学问的态度理念和如何做人。在学习、研究和生活的实践过程中，导师以自己的人格，为研究生提供一种道德范本，导师要本着“以人为本、育人为本”的宗旨，以平等宽容的心态，相互磋商沟通、求得共识，以使研究生改进可能存在的不良行为习惯。学科学的同时，也要学做人。在理想信念的指引下，真正在思想意识和行为习惯上体现出研究生风范，激活他们内在的原动力，引导他们发现和实现自我价值。为自己正确的人生目标而奋斗，以适应市场对高层次人才的要求。

导师指导研究生如何做人。做人是一门学问，与一个人的未来发展密切相关。研究生群体具有较强民主意识、主体意识和参与意识，他们有抱负，也有压力。在具体的学习、研究和日常生活实践中，在思想意识、价值观念、生活方式和行为习惯等方面有时也有不和谐的音符。因此，导师要引导研究生形成一种不断讨论和判断自己立场的习惯。只有这样，研究

---

① 王玉楠.研究生导师在研究生德育工作中的作用[J].文教资料，2011(20)：154-156.

生才能在研究中获得发展的眼光,有更美好的未来。例如,导师要巧妙运用社会热点话题,大力弘扬爱国主义精神、伟大抗疫精神、脱贫攻坚精神等,积极传递中国精神、中国价值、中国力量,教育引导研究生群体增强道德判断力和道德荣誉感,真正做到讲道德、尊道德、守道德。导师应根据研究生成长成才规律,因事而化、因时而进、因势而新,将社会主义核心价值观贯穿教育教学全过程,加强课堂教学与实践育人的结合,使研究生未来职业规划符合社会主义发展的要求。

导师可以运用研究生对其知识的崇拜感,引导研究生的未来,塑造研究生正确的价值观。崇拜感是一种心理吸引效应,是人类的一种特殊的发自心灵深处的真诚仰慕与敬佩之情。研究生对导师产生崇拜感,导师就会像磁石般吸引研究生主动地、自觉地接受他的教育和指导。师生在这种情感基础上进行教、学互动,必然会产生其他力量所不能替代的教育效果。导师渊博的科学知识、丰硕的科研成果、享有学术声誉及高雅的风度和气质,这些都是导师最宝贵的知识财富,是导师个人所拥有的知识权力。知识是一种力量,其力量来自科学、来自真理,是科学赋予的力量,是真理带来的力量。知识权力是科学的权力、真理的权力。导师具有了这种知识权力,就会使研究生对导师产生由衷的崇拜之情,导师在研究生心目中也会建立起真正的威信,对研究生来说,导师的知识权力比其角色权力更具影响力、征服力,更具信赖感。研究生导师的知识权力所产生的人格魅力,像巨大的磁场吸引研究生心悦诚服地接受导师的教诲,服从导师的指导。因此,导师应该针对这一特点,抓住研究生的思想特点和具体情况,不失时机地对研究生进行社会主义核心价值观教育。其效果就会事半功倍。导师是研究生人格品质的示范者。导师自身的敬业精神、科学精神、科学态度、创新意识、学术道德的传承,很大程度上依靠言传身教。从这个意义上讲,导师是研究生人格品质的示范者。导师的言行、解决问题的方法和态度以及人格品质均对研究生具有潜移默化的影响作用。

第6章　研究生社会主义核心价值观教育协同机制的实践

研究生社会主义核心价值观教育协同机制构建的目的是使研究生真正接受社会主义核心价值观,使其内化于心、外化于行、固化于性。研究生的行为是研究生与外界环境交互作用的结果,研究生社会主义核心价值观教育就是要通过外部环境的刺激作用,影响和改善研究生内部心理结构的有序性。研究生是具有自我效能感和自我意识的个体存在,研究生通过发挥主观能动性自觉选择符合社会主义核心价值观内容的行为并形成自己的思维体系。因此,研究生社会主义核心价值观教育要取得实效,就必须深入研究研究生社会主义核心价值观教育协同机制的运行,即研究研究生社会主义核心价值观教育接受活动。人的价值观的形成是教育引导、文化熏陶和自我修为等多种因素共同作用的结果。研究研究生社会主义核心价值观教育接受活动对研究生社会主义核心价值观教育协同机制的运行起着至关重要的作用。

6.1　研究生社会主义核心价值观教育接受活动解析

6.1.1　几个基本概念

接受,是指主体(受教育者)在外界环境影响下,选择、摄取信息的一种能动活动。从心理学角度来看,接受就是因喜爱或出于某种内在或外在目的而接纳外界人和事物的一种行为过程。从教育心理学的角度来看,接受包括了受教育者主动寻找外来信息、接受外来信息、内化等过程。将接受过程具体到社会主义核心价值观教育课程视域,可以认为,它是研究生社会主义核心价值观教育内容与受教育者之间的一种能动关系,分析受教育者对社会主义核心价值观教育信息的理解、选择、整合以及运用,进而体现为受教育者对各种社会主义核心价值观教育信息表征出来的认识论和实践论的关系。

活动是由一系列动作构成的系统。活动总要指向一定的对象。对象有两种:制约着活动的客观事物；调节活动客观事物的心理映象。活动可以看作有机体的构造，功能的相互作用过程。从社会科学的角度来看，活动指的是一个复杂社会系统的复杂因素之间相互作用的方式。

接受活动不仅是一种认知活动，也是一种实践活动，它总是以心理活动为载体。心理活动可以从主观和客观两个维度来分析。从客观的角度来看，心理活动具有普遍规律；从主观的角度来看，每个个体都有其自身特点。相应地，如果个体受教育者在接受心理方面有所不同，必然也会在接受结果上体现出不同。

研究生社会主义核心价值观教育接受活动是指在研究生社会主义核心价值观教育过程中，研究生作为接受主体接受社会主义核心价值观教育信息，其中呈现出的相应的心理活动、心理变化和心理接受特点和规律。这种活动，一方面体现为研究生选择、摄取、整合社会主义核心价值观教育信息而形成自身价值观的心理内化过程，另一方面也表现为养成行为习惯的外化过程。

将接受活动限定在社会主义核心价值观教育的协同机制运行视域，这一协同机制运行是指教育对象对社会主义核心价值观教育信息进行反应、选择、整合、内化、外化，最终形成自己价值观的过程。主体对社会主义核心价值观的接受包含内化和外化两个过程，内化指人的思想、外化指人的行为。也就是说，在接受过程中，接受的主体是受教育者，接受的客体是社会主义核心价值观，接受的中介是社会主义核心价值观教育的协同机制。接受主体、接受客体、接受中介之间是一种互动的过程，这种过程是抉择、汲取、重组信息进而产生价值观和行为习惯的过程。产生价值观的过程是思想内化活动，而行为习惯的形成是外化活动。

6.1.2 接受的要素分析

接受过程包括内化和外化。内化是指个体将社会环境中吸收的知识转化到心理结构中的过程。研究生社会主义核心价值观教育的内化是研究生通过学习、践行、领悟、思辨、抉择、整合等活动，将社会主义核心价值观的内容融入个人价值领域，并由浅入深、循序渐进地生成为个人的价值观。研究生通过系统而交互的理性认识和感性认识过程，通过理解、知晓、认同，达到一定程度后，由认知情感层面，上升到理性自律阶段；在这一阶段上，个体自我的信念与价值观结构被不断打破、重组、修正并完善，从而更加接近社会主义核心价值观的要求。外化是指研究生用社会主义核心价值观指导实践，表现出相应的行为。接受的要素包含 5 个方面，分别是理性认知、情感共鸣、思想转化、心理调适和沉淀固化。当然，也可以将这 5 个要素视为 5 个环节，其中每一个环节都独立发挥着各自的作用，构成了一个不断循环的接受过程。

1）接受的基石——理性认知

人对各种事物的认识活动是从感觉和知觉开始的。古希腊哲学家苏格拉底认为，“知识即美德”，同时，他也宣称“无知即罪恶”。人是具有主观能动性的存在，每一个行为背后都有相应的认识论支撑。也就是说，人类对事物的认知态度决定了人类的行动方式。一个人的认知水平既包括他的认知能力也包括他的认知结果。如果我们把认知分为正确的和错误的，那么，正确的认知产生正确的行为，错误的认知产生错误的行为。认知、理解并践行社会主义核心价值观，显然是正确的认知和正确的行为相得益彰的结果，为了实现这个目标，第一步就是对社会主义核心价值观教育的内容呈理性认知。

理性认知从注意信息开始。注意有两个基本特征：一是指向性，心理活动有选择地关注特定对象；二是集中性，心理活动关注选择对象的强度或持久度。指向性表现为对刺激信息的选择；集中性表现为对干扰刺激的抑制。

引起研究生注意的驱动力是研究生的自我需要以及兴趣。需要是指人体组织系统中因缺乏某种东西而处于不平衡的一种状态。人类个体需要的产生，受到诸多因素的影响，主要有生理状态、情境和认知水平。根据不同标准，需要可以划分为不同种类。需要是兴趣的基础，认识和情感又会影响兴趣。只有当某件事情或活动满足了人们的需要，人们才会将更多的注意力集中在这件事情或活动上，才会用心尽力去研究、去探索，才会表现出自己的兴趣。若对该事情与活动有更多的认识，就会倾注更多的情感在其中。总之，认识越深刻，情感越炽烈，兴趣也就会越浓厚。

受教育者会注意教育内容和教育形式。教育目标设定得好，不一定能保证教育最终能够达到预定的效果，原因在于教育内容和教育形式是否选取得当。良好的教育内容和教育形式必须相互搭配、协调促进，才能够达到教育预定的目标和效果。一些教育尽管内容方面设计得很好，但是教育形式太单一，不能达到预期效果；一些教育尽管形式很好，但是在教育内容方面过于枯燥、缺乏吸引力，效果也不会太理想。因此，我们需要时刻反思教育要素的这两个方面。首先，要保证教育内容的充实性、真理性、价值性和生动性。某客观对象被主体纳入其注意范围，其原因就在于客观对象都是真实存在，而且能够满足主体需要、具有价值性。其次，“求新”本能与“好奇”情绪是人类主要的本能和基本情绪之一，人最基本的愿望中包含着对于“新鲜经验的欲望”。因此，要考虑求新欲与好奇情绪的因素，将教育内容以一种独特的方式展现出来。

研究生是社会主义核心价值观教育过程中的受动者，社会主义核心价值观教育的影响是一种客观的存在。在社会主义核心价值观教育协同机制运行过程中，首先是研究生通过初级认知功能吸取相应的教育信息，即研究生必须注意到社会主义核心价值观教育的教育信息。研究生对社会主义核心价值观教育信息进行刺激性选择，必定以注意的唤起为先决条件，将注意力放在教育信息的刺激上，研究生会产生相应的“信息提取”，然后进行简单的教育信息编码。所有的接受行为都建立在这种注意的基础之上，社会主义核心价值观教育接受行为也是建立在注意的基础之上。

本研究构建社会主义核心价值观教育协同机制时，主要采取课内教学、课外活动、文化熏陶的形式。一是通过课内教学对研究生进行系统的关于社会主义核心价值观的知识传授，将社会主义核心价值观的知识点巧妙地融入思政课，让研究生对社会主义核心价值观有清晰、全面的认知。在协同机制中，充分考虑教育内容与研究生需要、兴趣的契合点，针对国家、社会、个人三个不同层面的社会主义核心价值观内容选取不同的侧重点——通过把握“富强、民主、文明、和谐”的国家“价值目标”，阐释“中国道路”；通过把握“自由、平等、公正、法治”的社会价值，解读“中国实践”；通过把握“爱国、敬业、诚信、友善”的公民“价值准则”，讲好“中国故事”，引导研究生将自身的兴趣、爱好、需要与社会主义核心价值观相结合，找到自身认同和内化的契机。二是在课外活动设计中，课程形式灵活多样，有唱歌、沙龙、电影赏析、征文比赛、演讲比赛、道德讲堂、模拟选举等，形成了“步步是景、处处是情，总有一款触动你”的课程体系。三是在文化熏陶设计中，通过把社会主义核心价值观内涵融入建筑、雕塑、景观设计，加强研究生对社会主义核心价值观的理性认知。课内教学、课外活动、文化熏陶形成合力，最终促使理性认知效果更明显。

2）接受的重点——情感共鸣

人不仅是理性的存在，也是感性的存在，准确地说，人是知、情、意、行的综合统一体；一个人的主体行为不仅取决于其认知水平，还深受其情感体验的影响。马克思主义充分肯定情感在教育中的作用，认为“激情、热情是人追求自己目标的本质力量”。

情感体验与认知过程紧密相连，情感体验主要反映客观事物是否满足主体需要的心理体验。情感共鸣通过主体在现实的思想道德关系中表现出来。虽然情感不是智力因素范畴，但它是促进认识转化为行为的催化剂。情感过程是一个认知和非认知因素相互影响的过程。人的情感不仅是其经历的事件堆积的结果，还是对这些事件有选择地编码的结果。通常来说，主体对客观事物本身与自身需要满足的关系的一种主观体验决定了主体的情感和情绪反应。那些能够使主体感到愉悦的事物，通常都是能够在一定程度上满足主体某些需要或者符合某些愿望的事物；反之，如果事物不符合个体需要或违背其愿望，就会使人产生郁闷、痛苦、焦虑、愤怒等感受。此外，还有一类事物，它们既不会让主体产生积极感受也不会让主体产生消极感受，而是让主体显得无动于衷。这一类事物对于主体需要没有直接关系。

情绪与情感会在一定程度上影响主体的接受行为。在接受过程中，如果积极正向的情感或情绪起主导作用，比如主体情绪放松、愉悦，通常对接受过程具有良性促进作用，在接受理解和接受内化的层面能够起到正向催化剂的作用；否则，如果消极情绪或情感起主导作用，如情绪低落或者愤怒，则会干扰接受行为的进行。主体接收到信息后，对其进行选择与加工，情绪或情感直接影响信息加工和编码过程。符合主体需要的信息容易引起行为者的积极情感，相反，不符合主体需要的信息容易引起主体的消极情感。积极情感的形成反过来会引导主体更加愿意去接受、获得同一类信息，展现出在行为上的选择和调控倾向。这种积极的情感还会增加相关思维活动的延续性，积极的情感可以长时间地保持人思维活动的热情，可以达到“锲而不舍，金石可镂”的情形；消极情感的形成也会反过来引导行为者极力避开同一类信息，容易阻滞主体的思维认识，甚至会造成浅尝辄止、半途而止的情形。

研究生对社会主义核心价值观的认同和接受既要对其具有理性认识，又要对其产生某种情感共鸣。在研究生社会主义核心价值观教育协同机制的实践过程中，研究生是否接受和认同教育信息，在很大程度上取决于教育信息能否充分调动和激发研究生的积极情绪，其中包括愉快、信任、感激、热情、激情等情感因子。情感对研究生价值观的形成起着强化、催化作用。在社会主义核心价值观教育协同机制中要遵循研究生情感心理规律，满足学生的情感需要。

影响情感的因素有很多，环境是一个很重要的因素。环境可以使研究生产生积极的情绪，也可以使研究生产生消极情绪。环境可以加速教育的进程也可以阻碍教育的实施。本研究在构建研究生社会主义核心价值观教育协同机制时，充分考虑了环境对于情感的影响作用，大学校园的物质文化、精神文化、制度文化都渗透着社会主义核心价值观，这便是良好的环境。从物质文化层面分析，围绕社会主义核心价值观的内涵，对大学校园进行规划，让社会主义核心价值观以物化形态出现在建筑设计、景观设计中，使社会主义核心价值观的理念和物质环境相得益彰；从精神文化层面分析，将社会主义核心价值观的内涵渗透在特定的文化载体上，如：校训、校歌等，通过辐射的方式体现出来；从制度文化层面分析，在修订各项规章制度时，紧密围绕社会主义核心价值观的内涵，制定相应规章制度。社会主义核心价值观教育在这种环境下进行，会形成“蓬生麻中，不扶而直”的情形。

3）接受的拐点——思想转化和心理调适

意志，是主体在实践理想、履行道德义务过程中，克服困难和排除障碍的毅力。思想转化涉及道德意志因素，意志是促进思想转化的重要精神力量，是产生行为的杠杆。坚强的意志能促使思想转化，如果缺乏坚强的意志，思想转化就无从谈起。

研究生对社会主义核心价值观的思想转化是研究生在情感认同的基础上，面对各种价值取向，经过复杂的思想斗争，进一步认同和理性选择社会主义核心价值观，并对原有价值观念重新进行建构的过程。

意志和思想转化是一脉相承的，意志对行动的调节主要体现在对行为的发动和制止两个方面。其中的关键点就是思想转化。如果思想转化到位，就会产生推动行为，也就是在意志作用下，推动个体为实现目的和愿望行动。如果思想转化不到位，就会产生与个体的目的和愿望相悖的行动。意志与认知、情绪与情感是同一心理过程的不同维度。意志活动的基本特征是人自觉的目的性。意志是人固有的心理元素，然而对于某一特定对象的意志却不是固有的，我们只有对某个事物建立起了必要的认知，对其价值建立起了必要的了解和判断，才会产生相应的情感，进而产生相应的意志。有时社会主义核心价值观的要求与个人动机发生冲突，当个人动机相当强烈时，往往会使一些学生产生违反社会主义核心价值观的行为。这种冲突的解决依赖于学生的动机斗争与意志力。意志坚定者会依据社会主义核心价值观的要求对自己的冲动、欲望等行为倾向进行抑制。

思想转化的过程，伴随着心理调适过程。研究生通过不断的心理调适，逐渐完成思想转化。心理调适指研究生在化解内心矛盾的过程中逐渐理解和接受社会主义核心价值观,不断突破自身经验的边际,不断排解内心的迷茫,在心理层面增强对社会主义核心价值观的认同。意志在这里发挥着重要作用。研究生对核心价值观教育课程的"意志"既可能建立在理性认识的基础上,即在分析与比较教育内容后认可其真理性及其效应,也可能建立在受到环境"意志"的影响下,通过行为主体对环境的"意志"而实现的情感转移。心理调适可以对"意志"的认知层面和情感层面做出适当的修正、调整、完善、弥合。有时社会主义核心价值观规范与个人动机发生强烈冲突,这种冲突的解决依赖于学生动机斗争的意志力。学生的意志力可以依据核心价值观规范的要求对自己的冲动、欲望等行为倾向进行抑制。但抑制是否成功,取决于研究生意志的强弱。开展社会主义核心价值观教育要引导研究生树立坚强意志,不断完成心理调适。在这个过程中,社会主义核心价值观的要求与个体的内在需要并不一致,个体迫于外在压力或者为了满足某种安全需要,虽然外显行为与社会主义核心价值观要求保持一致,但认识和情感体验上不一定一致。通过心理调适这个过程,在坚强意志的支撑下,行为主体在认知、情感、态度和行为上与社会主义核心价值观要求趋于一致,不再受外在压力的约束,能自愿主动地接受社会主义核心价值观的影响。

在研究生社会主义核心价值观教育协同机制中,既有课内教学,也有课外活动,还有文化熏陶。研究生在参与课堂教学、课外活动、文化熏陶这些课程时,研究生的思想一直处于一种动态调整状态,不断进行主体自我建构。这种循环作用就是增强学生的意志,排除外部干扰,控制不良情绪,不断完成思想转化。当学生在践行社会主义核心价值观的过程中遇到困难,会依靠坚强意志去努力克服。从刚开始的依靠外部教育要求及措施,到产生自己的理解,开始自我要求、自我监督、自我检查,也就是不断处于自我修为状态。自我修为的过程就是思想转化的过程。通过课堂教学中渗透的自我修为,研究生的认知得到提高;通过课外活动中渗透的自我修为,研究生的行为习惯得到矫正;通过文化熏陶中渗透的自我修为,研究生的情感得到升华。

4)接受的终点——沉淀固化

沉淀固化环节是指研究生通过"灌输—自学—实践"循环对社会主义核心价值观进一步深化沉淀,并在理论与实践的不断循环中逐渐固化。这个阶段是研究生按照社会主义核心价值观的要求,指导自己的行动,最终形成社会主义核心价值观所规定的习惯过程。这个过程是研究生进行自我调节和自我教育的动态过程,研究生社会主义核心价值观由此得以逐渐内化,它是前面各个环节相互作用的集中体现和落脚点。

在研究生社会主义核心价值观教育协同机制运行的过程中,通过课内教学,使学生了解社会主义核心价值观的内涵和意义,产生自愿践行的愿望;通过文化熏陶,打造践行社会主义核心价值观的情境,增强情感认同;通过课外活动,提供道德行为实践的机会,并及时给予强化与反馈;通过自我修为培养学生的自我教育能力,使学生能更主动地参与教育活动。这个过程就是通过"灌输—自学—实践"对社会主义核心价值观进一步深化沉淀和逐渐固化。

综上所述,在一个接受活动中,信息的传达和提取、智力的分析和选择当然具有重要的,并且很可能是关键作用,然而个体的心理过程、个性心理和心理状态同样影响着接受活动。当接受活动中的信息不具有绝对的吸引力时,智力因素不能被全面地激发出来,信息传达出来以后不能被很好地提取,在这种情况下,非智力因素反而变成了关键因素。由此可见,社会主义核心价值观教育的接受过程是一个动态的、复杂的过程,多因素、多变量、多层面、多维度是其最大的特点。教育者将接受者的心理状态当作一个关键因素将对教育活动产生积极影响。

6.2　研究生社会主义核心价值观教育实验研究的因素分析

研究生社会主义核心价值观教育协同机制的运行过程和研究生社会主义核心价值观教育接受活动是同时进行的,其中包括三个系统元素,即接受主体(受教育者)、接受中介(教育体系)和接受客体(社会主义核心价值观);四个系统循环,即方案实施、信息反馈、方案调整、效果评价;七个渐进过程,即注意信息、保持信息、接受信息、心理内化、改变认知、转变态度、影响行为。由此助推教育由物理过程向心理过程转化,进而表现出相应的外化行为,最终实现社会主义核心价值观内化于心、外化于行、固化于性的教育目标。

6.2.1　三个系统元素

1)接受主体

研究生社会主义核心价值观教育的接受主体是研究生。接受主体是相对接受客体来说的,接受主体和接受客体都同属于接受过程,是接受过程的一体两面,如果没有接受客体,也就没有接受主体,反之亦然。接受主体具有主观能动性,在接受活动中,接受主体的能动活动支撑起整个接受活动,将接受客体承载起来,并凸显出接受客体的主观意义和客观意义。接受主体承载接受客体并凸显其意义的过程就是整个实践活动,脱离实践活动的框架去谈论接受过程是空洞无物的,脱离实践活动去进行接受活动是徒劳无功的。

2)接受客体

研究生社会主义核心价值观教育的接受客体是社会主义核心价值观。接受客体的构成部分层次繁杂、名目繁多、内容丰富、形式多样,各种组成部分相互联系、相互影响,形成一个错综复杂的系统。而且,这种系统在信息时代背景下还具有变化快、流动性强的特点。接受主体通常具有自身独特的接受图式,一个接受主体和另一个接受主体在面对同一接受客体发出的相同信息时,同样会根据自身的需求和知识基础做出不同的解读,从而在不同层面、不同角度、不同意义上有选择性地接受信息。

3)接受中介

研究生社会主义核心价值观教育的接受中介就是社会主义核心价值观教育协同机制的运行,主要由课内教学、课外活动、文化熏陶和自我修为四个部分构成。四者相互影响,相互渗透、相互作用,形成合力。课内教学是社会主义核心价值观教育的主载体、主渠道。利用多种教学方式,将社会主义核心价值观融入研究生思想政治理论课、通识课和各专业课中,通过这一系列的实施,触动研究生的感知,激发研究生的意识,转变研究生的观念,改变研究生的行为,从而从思想到行动对研究生施以影响。课外活动是通过系列主题鲜明、精彩纷呈、寓教于乐的活动,吸引学生广泛积极参加。文化熏陶为研究生社会主义核心价值观教育提供了良好的文化氛围。自我修为是实现主体的自我建构,是促进社会主义核心价值观教育的升华。

6.2.2 四个系统循环

1)方案实施

方案实施是指对研究生社会主义核心价值观教育的协同机制从目标要求、工作内容、方式方法及工作步骤等做出全面、具体而又明确的安排。然后,在一定的活动目标下,按照特定的时间、地点、人员,安排开展一系列独特的、相互关联的活动并根据规范完成。

2)信息反馈

信息反馈就是指由控制系统将信息传输出去,又将其产生的效果和影响反馈回来,并对信息的再输出进行调整与控制,以达到预期的目的。心理活动会随着信息的输入而不断变化,因而对方案实施出现的心理现象作动态分析很有必要。社会主义核心价值观教育协同机制过程中的信息反馈是指研究生对社会主义核心价值观教育提出意见和建议。信息反馈要做到正确、有力、灵敏。信息反馈的正确、有力、灵敏的程度是课程实施是否具有充沛生命力的标志。要“正确”,就必须有高效、敏锐的分析系统,以精确过滤和精细加工接收来的各种数据、信息和情报等,做到“去粗取精、去伪存真、由此及彼、由表及里”。“有力”就是将反馈回来的信息汇总后转化为有效的实际行动,以改进先前的教育实施方案,使教育更具实效,更有利于控制和管理目标的实现。要“灵敏”就必须有敏锐的“感受器”,以便能及时察觉变化着的客观现实与既定计划之间的冲突。

3)方案调整

方案调整是指针对社会主义核心价值观教育实施工作的信息反馈情况,对初始方案进行优化，使方案更有可操作性，效果更好。

4）效果评价

效果评价主要是分析社会主义核心价值观教育目标的实现程度。效果评价的目的在于对教育的价值做出科学的判断。社会主义核心价值观教育需要教育效果评价机制的支持。科学的评价机制不仅能检验研究生社会主义核心价值观教育的效果、对研究生社会主义核心价值观的培育起到激励和鞭策作用，还能促进学生思想道德的发展，提高社会主义核心价值观教育的实效。

（1）道德档案规范化

高校要加强研究生道德档案规范化建设，形成记载翔实、保存科学、查找方便的研究生道德档案。首先，要建立研究生道德档案管理团队，政治辅导员作为研究生道德档案管理的第一责任人，要深入学生，全面统筹，组织学生干部对研究生的道德行为进行详细记录并及时进行维护更新，确保道德档案的全面性和时效性。其次，要围绕社会主义核心价值观建立研究生道德档案，重点建立研究生助人为乐、诚信行为、志愿者活动等在内的档案模块，比如实行志愿者服务登记制度、建立诚信记录簿、建立精神文明活动通报制度等。最后，还要切实将道德档案作为开展研究生教育评价、学生入党、推荐就业的参考依据，引导研究生在价值观方面的自律意识，规范研究生行为。

（2）评价方案科学化

①理念上，树立发展性评价理念。对研究生社会主义核心价值观教育效果进行评价，要树立发展性的评价理念。传统的评价理念重在区分优劣、评定等级，并按评价结果进行奖罚。这种评价主要是发挥监督作用，检查教育目标的达成度。发展性教育评价重在找出问题、改进问题，帮助学生在原有基础上获得发展。这种评价着手于在教育过程中不断发现问题，不断改进问题，促进教育发展。教育评价的实践证明，传统的奖罚评价易打击被评价者的积极性，不利于发挥教育评价的作用。再者，由于这种评价重视终结性评价的应用，往往具有后效性，不能及时解决教育过程中产生的问题，“行动已经发生，评价已太迟”。而发展性教育评价可以有效解决以上问题，促进教育发展。

②操作上，建立立体、多元的评价方案。“立体”，主要指根据学生的层次与差别建立不同的评价标准体系。如果用统一的评价标准去评价不同层次的学生，对于基础好的学生，不需要多大努力就能获得好评，失去了激励性；对于基础差的学生，无论怎样努力，评价结果也不好，同样也会失去激励性。因此，分层次开展评价，有利于社会主义核心价值观教育效果的提高。“多元”，主要指社会主义核心价值观教育评价主体的多元，要采取自评与他评相结合的方法，学生、教师、辅导员都应参与到学生的评价中去，增强评价的科学性。

6.2.3 七个渐进过程

1)注意信息

注意,是研究生对社会主义核心价值观教育信息的指向和集中过程,是社会主义核心价值观教育信息被研究生所觉察和吸引并专注于社会主义核心价值观教育信息而产生的一种特殊的心理状态。通过这一过程,教育内容会被进行知觉编码,储存在短时记忆中。在研究生社会主义核心价值观教育实施过程中,注意过程决定着研究生在大量的信息中,选择社会主义核心价值观教育信息,在研究生社会主义核心价值观教育实施过程中,需要关注"注意"的两大要素,即外在刺激的强弱度和与内在需要的契合度,促使合理的外部刺激与内在需要的有效结合。

2)保持信息

保持,即把习得的社会主义核心价值观教育信息转变为符号概念,以语义编码的形式进入长时记忆储存,形成内部表征。人们通常对一般性、普遍性的信息保持较短时间的注意,而对趣味性、特殊性的信息保持较长时间的注意。对信息保持的程度,与接受者自身的兴趣、外界事物的刺激强度及刺激持续性有关。因此,在研究生社会主义核心价值观教育协同机制实施过程中,需要通过各种途径和方式不断地刺激研究生,使其在相当长的一段时间持续保持对教育内容的注意,减少干扰,提高信息保持的程度。

3)接受信息

接受信息的过程包括对信息的解读、信息的筛选和信息的整合。只有对教育内容(社会主义核心价值观)接受,才可能进一步内化为自身的价值观。在研究生社会主义核心价值观教育实施的过程中,要让学生明确什么是社会主义核心价值观,开展社会主义核心价值观教育的意义以及其对于自身发展的重要性,这属于信息解读步骤。关于信息的筛选,由于研究生有不同的筛选程序,不同学生的接受图式不同,因此,应设定多种教育影响,形成"步步是景、处处是情,总有一款触动你"的体系。信息的整合是研究生依据先前的认知经验来整合各种相关信息,形成新的知识体系。

4)心理内化

心理内化是将新信息通过同化和顺应吸纳进原有的认知结构并转化为内部心理活动的过程。在研究生社会主义核心价值观教育协同机制实施的过程中,研究生根据社会主义核心价值观信息本身的特点和联系,在头脑中进行一系列的认知活动,并建立新的认知结构,促使社会主义核心价值观从外在的价值理论向内在价值观念转化,形成丰富的心理过程。

5)改变认知

认知改变是价值观改变的基础。认知改变过程是个体心理活动产生的一系列信息加工程序,个体对价值观知识的学习、理解依赖于其认知水平。研究生把社会主义核心价值观内化为自身认知结构的一部分以后,就会逐步改变以往的认知结构,开始按照新的认知来理解和对待周围的人和事物。当研究生的观点、信念与社会主义核心价值观的要求发生矛盾时,就会有一种动力倾向性推动其进行自我调整,因此会呈现出与以往不同的价值取向。

6)转变态度

个体对某一对象的态度改变不是凭空产生的,它是以个体所持有的价值观念为基础的。当研究生将社会主义核心价值观内化为自身的价值取向时,他们对待周围的人、事、物会产生暂时性的认知失调,通过寻求新的平衡,产生符合社会主义核心价值观要求的心理倾向。在集体利益与个人利益的选择上、在艰苦奋斗与奢侈享受的追求上、在诚实劳动与弄虚作假的权衡上、在遵纪守法与违法乱纪的判断上、在奉献社会与实现自我价值的认识上都将发生转变。

7)影响行为

通过实施研究生社会主义核心价值观教育协同机制,帮助研究生树立正确的社会主义核心价值观。在社会主义核心价值观的指导下,研究生的政治信仰会更加坚定、家国情怀会更加浓厚、奉献意识会更加强烈等。

6.2.4　运行过程

研究生社会主义核心价值观教育协同机制的运行是以研究生为接受主体、以社会主义核心价值观为接受客体的教育接受活动。其运行过程,反映的是接受主体(研究生)通过接受中介(协同机制)对具体价值信息的认知实践过程。从构成上看,研究生、社会主义核心价值观、协同机制是基本元素,这些元素按照一定的运行方式形成了稳定的接受结构。在运行过程中,这一接受结构通过各元素之间的相互作用,形成了层次鲜明、多维互动、持续运转的循环系统。

运行的第一个层面是:课内教学、课外活动、文化熏陶和自我修为,通过相互渗透形成合力,构成了知识的价值传递过程,形成了教育信息的“认识—实践—再认识—再实践”的循环过程。运行的第二个层面是:接受客体、接受中介、接受主体之间通过方案实施、信息反馈、方案调整、效果评价四个环节的有序循环,有效促进了接受主体、接受客体、接受中介的相互联系、相互作用、相互影响,实现了教育由物理过程向心理过程的转变。运行的第三个层面是:接受主体通过注意信息、保持信息、接受信息、心理内化、改变认知、转变态度、影响行为这样一个循序渐进的心理接受过程,表现出相应的外化行为。

6.3 研究生社会主义核心价值观教育的实验验证

实验是检验假设是否成立的关键性活动。本研究将实验手段运用到研究生社会主义核心价值观教育实施过程中,将协同机制设计的教育活动转变成实验干预条件,研究这些教育活动对研究生的影响。为了更好地分析实验带来的效果,本研究设置了实验班和对照班。为了不和现行的课程计划发生冲突,本研究的实验班和对照班的学生分组全部按照现行教学自然班形成跨专业和跨班级的情况,方便研究生以集体的形式接受研究生社会主义核心价值观教育协同机制的教育影响。

6.3.1 实验目的

通过构建研究生社会主义核心价值观教育协同机制,提高社会主义核心价值观教育的实效,实现"社会主义核心价值观的价值渗透"。因此,本实验的目的表现为以下两点:一是通过实验使学生深刻把握社会主义核心价值观的科学内涵;二是通过实验了解学生是否认同社会主义核心价值观教育内容和教育形式。这两点相互印证了研究生社会主义核心价值观教育协同机制运行的效能。

6.3.2 被试选取

本研究在重庆交通大学选取了土木学院、建筑与城市规划学院、河海学院、经管学院、人文学院5个学院的部分研究生作为实验组,实验组有效被试一共342名学生,其中男生198人、女生144人;选取航运学院、信息学院、马克思主义学院、外国语学院等5个学院的部分研究生作为对照组,一共327名学生,其中男生175人、女生152人,对照组有效被试327名学生。总计被试669人。

6.3.3 实验方法

1)实验模式

本实验采用单因素等组前后测实验设计的方式进行。实验组自变量是采用研究生社会主义核心价值观教育内容和教育形式,即主要是运用新型研究生社会主义核心价值观教育协同机制对研究生发挥作用;对照组自变量是传统的教育形式和教育内容,即按部就班开展正常的教育内容和教育形式。因变量是对社会主义核心价值观内容的认同度、对社会主义核心价值观教育形式的认同度。实验组接受研究生社会主义核心价值观教育的影响,对照组不接受教育影响。在实验过程中,两组被试其他条件保持相同,最后将实验因素产生的结果加以比较,考察差异的显著性,从而判断实验因素的作用。

2)测评方法

本实验主要针对研究生关于社会主义核心价值观内容的认同度、对社会主义核心价值观教育形式的认同度及有效性方面采用问卷调查进行,采用的问卷就是本书第 3 章《研究生社会主义核心价值观教育实然考察》中的问卷,即《研究生社会主义核心价值观教育现状调查问卷》。通过 SPSS Statistics 21.0 进行统计分析。具体做法为通过实验分析发现实验自变量对实验组和对照组的研究生关于社会主义核心价值观内容的认同度、对社会主义核心价值观教育形式的认同度的影响是否显著。

6.3.4 实验实施

1)前测

实验前,即研究生入学时,对 669 名被试进行《研究生社会主义核心价值观教育现状调查问卷》的前测。

2)实施

整个实验为期 1 年,包括 2 个学期。在新生进校时,让实验班所有学生接受新型研究生社会主义核心价值观教育内容和教育形式。

课内教学,按照研究生社会主义核心价值观教育课内教学设计进行,以《中国近现代史纲要》《思想道德修养与法律基础》《形势与政策》三门课为例,选取了最能阐释社会主义核心价值观内涵的章节来进行课程设计,包含了 12 个单元,共计 24 学时。这些思政课巧妙融入了社会主义核心价值观,如《领悟人生真谛·创造人生价值》宣扬了"和谐"价值观;《在新媒体环境下重新审视自由行为》传递了"自由"价值观;《对国家出路的早期探索》传递了"平等"价值观;《反对外国侵略的斗争》传递了"爱国"价值观;《"诚信是一张名片"研究生诚信教育》传递了"诚信"价值观……与此同时,实现社会主义核心价值观课程与基础课、专业课和通识教育课的融合,即其他课程中都融入社会主义核心价值观,如土木学院的通识教育课《中国民歌艺术赏析》介绍了中国各个地区有代表性民歌的创作背景、歌曲意蕴、当地风土人情以及其他有代表意义的民歌。在课程实施中,我们将社会主义核心价值观与该门课程进行了融合,运用各地有代表性的歌曲传递社会主义核心价值观。江西民歌《我的祖国》是爱国主义精神的宣扬,每一段歌词都是一幅引人入胜的美丽图画,婉转动听的曲风表达了对祖国的热爱——一条大河波浪宽,风吹稻花香两岸;铿锵有力的曲风描述了对敌人的仇恨——若是那豺狼来了,迎接它的有猎枪。陕北民歌《南泥湾》是敬业精神的宣扬,讴歌了战士们用勤劳的汗水把寸草不生的南泥湾建设成了秀丽的江南。"到处是庄稼,遍地是牛羊",歌曲朗朗上口、热情欢快,唱出了干事创业的自豪之情。歌曲《阳光路上》是为新中国成立60周年创作的新歌，该歌曲描述了在党的领导下，中国走上富强之路的和谐盛况，传递了“富强”“和谐”的价值观。“阳光路上，旗帜飞扬，科学发展为和谐的中国指引方向”，歌曲激情澎湃，鼓励人们为祖国实现富强和和谐而奋斗。建筑与城市规划学院研究生上的“建筑历史课”是建筑学的一门专业课程。学生通过学习这门课程了解建筑的发展演变过程、历史上各时期、各地域的建筑特点和制约建筑发展演变的种种因素。引导运用一定的方法，通过自己的思辨去认识和评析建筑，从而逐渐树立起健康的历史观和独立的建筑价值观。

在专业课实施过程中，我们把社会主义核心价值观渗透到课程中。第一，深入浅出地为学生剖析历史典例，系统总结传统精华所在，在深入了解传统精华的基础上，激发出民族的自豪感，更加热爱祖国传统文化。例如，在城建史教学中，尝试将一座座历史城市和相关建筑人物联系起来，进行深入剖析与综合发掘，追溯到当时的历史背景中去探索城市思想、城建方法及所造就的城市形象，激发学生对祖国大好河山的热爱。在近代建筑历史的教学中，通过对圆明园等记载屈辱历史的建筑的讲解，激发学生“爱国”热情和奋斗意识。第二，联合当地的环境保护组织开展“记录故土，保护家园”环保活动。对古桥和古建筑进行测绘、记录，并和同兴老街美岸志愿者协会在岸边清理垃圾。把历史遗产和生态环境的保护观念从课堂延伸到课外，从学习落实到生活。让学生构建“和谐”社会的主人翁意识。第三，组织学生参观当地的博物馆、图书馆或者历史文物，让学生了解当地的发展历史。这样能够潜移默化地展开历史观教育，在了解本地发展的同时，正确看待现今的社会主义建设。借鉴历史经验、立足历史条件、顺应历史趋势。在坚持历史唯物主义的时候，要有选择地继承、发扬历史理论和经验，培养学生“敬业”意识。第四，在建筑历史中增加匠作营造方面的知识，如在山水园林营造中所体现出来的物我一体的自然观、合院建筑反映的社会文化心理结构、营造中对环境的分析和利用。实践理性精神与建筑审美意识，都是今天应该继承和发扬的。应当把这些渗透到课程实施中，鼓励学生为建立一个富强、民主的社会而奋斗。

课外活动按照研究生社会主义核心价值观“主题活动”实施方案和研究生社会主义核心价值观“社会实践”实施方案进行，共计20学时。丰富多彩的课外活动如“中国梦”文化沙龙、“我是公民我参与”人大代表模拟选举活动、“指尖上的文明”创建活动、“相亲相爱一家人”主题团日设计活动、“那人那事·寻找自由”电影赏析、《我心中的“平等”》征文比赛、“公道自在人心”模拟法庭活动、“遵纪守法”演讲比赛、“爱国主义歌曲”大传唱、“敬业奉献”道德讲堂、“诚信花开·香沁校园”诚信考试宣誓活动、“友善待人·快乐人生”互助活动……是教育回归生活的真实写照，点点滴滴地向学生渗透社会主义核心价值观。

文化熏陶包括物质文化、精神文化、制度文化。

在物质文化层面，学校内采用石刻、铭牌、雕塑墙等多种形式的景观艺术小品，宣传社会主义核心价值观。校园大门入口处的校园花卉被修剪为社会主义核心价值观24个字的形状。校园宣传橱窗中的海报对社会主义核心价值观24个字的内涵进行具体阐释。校园内有茅以升塑像,传递着“爱岗”“敬业”精神。作为交大校内学生频繁使用的公共空间——校图书馆,一楼开辟为校史馆,大量的声光影像、图文资料介绍了本校老一辈科研工作者们为祖国的交通建设奋斗的历史,学生耳濡目染,陶冶了爱国主义的情操,激发了爱国、富强、敬业,为社会主义事业添砖加瓦的热情。交大校前区广场,设置了由我校研发的索拉桥雕塑;水池旁的地面上镌刻有交大著名科研工作者在实践中研发的桥梁图案,图文并茂的展示让学子们接受“敬业、诚信”。广场水池旁的木制小桥边是镌刻有“君子德性如水至清”的竹板小篆,无时无刻不在呼应着“文明”“和谐”“自由”。校教学楼内的每一间教研室,进门即可见到水墨字画“俯首甘为孺子牛”一画,警醒着大家要时刻践行“爱岗”“敬业”。校教学楼内走廊两侧,分别放有社会主义核心价值观 24 字的壁画,采用漫画和趣味小故事的形式吸引学生们驻足学习。学生宿舍大厅有一面镜子,上面镌刻着“诚信做人,诚恳做事”,勉励大家“诚信”“敬业”。每一栋学生宿舍设有“学生之家活动室”,里面展示了学校举办的各种社会主义核心价值观教育活动图片。足球绿茵场的正上方有将花卉修建成一双紧握的手,象征着“和谐”“友善”。此外,刻有“明德行远、交通天下”校训的雕塑墙,展示社会主义核心价值观 24 个字的电子屏幕,印刻“甘当路石、进无止境”办学传统的石刻,倡导“空谈误国、实干兴邦”奋斗精神的花卉铺装等都在传递着社会主义核心价值观。多种多样的物质文化形态既美化了校园的环境,又宣扬了社会主义核心价值观。

在精神文化层面,重庆交通大学的校训是“明德行远、交通天下”。校训蕴含的教育思想是:一代代重庆交大人以“培养交通英才、改变西部面貌、创造百姓福祉、促进民族团结”为己任,甘做一颗颗“铺路石”,把青春与梦想、激情与奋斗,同蜿蜒浩渺深入云端的川藏公路紧紧相连;同西部高原山区、三峡库区、长江黄河的建设治理紧紧相连,同西部大开发,交通大建设紧紧相连,在服务社会的广阔舞台中谱写人生华章,在共筑民族复兴的中国梦中光大校训精神。“明德行远、交通天下”彰显了“敬业、友善”的社会主义核心价值观,体现了交大人“家天下”的情怀。重庆交通大学的校歌唱道:“甘为铺路石,明德行远做栋梁;甘为铺路石,锦绣华夏铸辉煌。”校歌充分体现了“富强、爱国、敬业”的思想。重庆交通大学的校徽设计具有极强的艺术意蕴:“人人交大”的图案,象征了平等与友善;“翱翔雁阵”,传递出法治与自由;“竞帆水手”,体现了“敬业”与“和谐”;“俊美轻松”,向往着文明与富强。校徽的设计折射着社会主义核心价值观的理念。

在制度文化层面,重庆交通大学的《学生手册》围绕社会主义核心价值观的内涵进行了详细的规定。如《学生手册》教学与学籍管理第十九条规定:凡在课程考核中作弊者,经核查属实,取消其该门课程考核资格,该门课程成绩记为无效,不能参加补考,取消硕士学位授予资格;并视其情节轻重,分别给予留校察看或者开除学籍处分。《学生手册》法律法规规章第十二条规定:学生必须严格遵守国家法律、法规和学校的各项规章制度,注意自身的财物安全,防止各种事故发生;违反学校纪律,对造成学生伤害事故负有责任的学生,学校可以给予相应的处分;触犯法律的,由司法机关依法追究其刑事责任。《学生手册》奖励与惩处第五条规定:有助人为乐、见义勇为、拾金不昧等行为并被校级及以上通报表扬、新闻媒体采访报道,被企事业单位、个人书面感谢表扬,操行评定加1~4分;参加志愿者服务、献爱心活动、精神文明服务、义务劳动、公益活动等并得到充分认可,操行评定加1~4分。

自我修为贯穿于课内教学、课外活动、文化熏陶过程。

此外,实验班的成立为研究生社会主义核心价值观教育的对比提供了主体支撑。校园心理环境的建设,也为研究生社会主义核心价值观教育提供了基础保障。

对照班的学生除了参与原有正常课程实施,不参与本次实验的教育干预活动。

3)后测

实验期结束后,对所有被试进行《研究生社会主义核心价值观教育现状调查问卷》的后测。根据前后测成绩的对比分析,探索新型研究生社会主义核心价值观教育协同机制对研究生的影响。

6.3.5 实验结果

为了深入了解新型研究生社会主义核心价值观教育协同机制对研究生的影响,通过SPSS21.0对实验前后测数据进行计算、比较,并进一步进行差异性检验,得到如下结果。

1)对社会主义核心价值观内容的认同度比较

(1)前测数据差异性检验(卡方检验)——实验组与对照组

表6-1数据显示,实验组和对照组同学对社会主义核心价值观内容的12个词平均认同度差异很小,且5类认同度选择的人数分布也大同小异。进一步,卡方检验结果显示,所有核心价值指标的双侧检验概率均大于0.05,可以认为实验组和对照组同学对社会主义核心价值观内容的认同程度没有显著差异。由此可降低非实验因素对本次实验的影响。

表6-1 实验组和对照组对社会主义核心价值观内容认同度的前测数据及检验结果

变量名称	组别	非常认同/%	比较认同/%	说不清楚/%	较不认同/%	完全不认同/%	均值	卡方检验值	P值(双侧)
富强	实验组	45	33	15	7	0	4.16	4.105	0.392
	对照组	47	30	16	6	1	4.16		
民主	实验组	40	30	24	3	3	4.01	4.705	0.319
	对照组	38	35	20	5	2	4.02		
文明	实验组	37	38	17	6	2	4.02	2.684	0.612
	对照组	35	40	19	5	1	4.03		
和谐	实验组	17	34	33	14	2	3.50	1.683	0.794
	对照组	16	34	34	15	1	3.49		

续表

变量名称	组别	非常认同/%	比较认同/%	说不清楚/%	较不认同/%	完全不认同/%	均值	卡方检验值	P 值（双侧）
自由	实验组	8	32	38	16	6	3.20	1.019	0.907
	对照组	9	31	4	15	5	3.24		
平等	实验组	15	39	32	13	1	3.54	3.538	0.472
	对照组	13	38	36	11	2	3.49		
公正	实验组	44	35	19	2	0	4.21	0.581	0.901
	对照组	44	33	21	2	0	4.19		
法治	实验组	50	37	13	0	0	4.37	4.665	0.198
	对照组	49	40	10	1	0	4.37		
爱国	实验组	33	42	24	1	0	4.07	4.693	0.196
	对照组	35	39	23	3	0	4.06		
敬业	实验组	21	36	33	8	2	3.66	1.295	0.862
	对照组	22	37	30	8	3	3.67		
诚信	实验组	50	25	18	7	0	4.18	3.682	0.451
	对照组	5	24	17	6	1	4.2		
友善	实验组	55	35	10	0	0	4.45	3.434	0.329
	对照组	56	34	9	1	0	4.45		

(2)后测数据差异性检验(卡方检验)——实验组和对照组

表 6-2 数据显示，实验组同学对社会主义核心价值观内容的 12 个词平均认同度均高于对照组，其中对“和谐”“自由”和“平等”等指标维度上存在较大差异，其最大差异值达到 0.5。两组同学对每个价值观认同程度选择的人数分布不尽相同，有的存在明显差异，如对“民主”价值观认同程度的选择，实验组持“非常认同”和“比较认同”的人数占比高达 97%，而对照组则为 84%。进一步通过卡方检验发现，除“公正”和“法治”价值观外，其余价值观认同度选择的双侧检验概率均小于 0.05，即可认为实验组和对照组同学对“富强”“民主”“文明”等社会主义核心价值观内容的 10 个词认同程度有显著差异。因此，从总体上看，研究生社会主义核心价值观协同机制的运行对学生的社会主义核心价值观有显著影响，并且优于常规课程的影响。

表 6-2　实验组与对照组对社会主义核心价值观内容认同度的后测数据及检验结果

变量名称	组别	非常认同/%	比较认同/%	说不清楚/%	较不认同/%	完全不认同/%	均值	卡方检验值	P 值（双侧）
富强	实验组	50	42	8	0	0	4.42	13.046	0.005
	对照组	48	38	11	3	0	4.31		
民主	实验组	52	45	3	0	0	4.49	35.946	0.000
	对照组	40	44	15	1	0	4.23		
文明	实验组	46	43	10	1	0	4.34	9.972	0.019
	对照组	37	46	14	3	0	4.17		
和谐	实验组	39	47	8	6	0	4.19	69.916	0.000
	对照组	17	45	28	10	0	3.69		
自由	实验组	35	43	12	10	0	4.03	67.514	0.000
	对照组	12	47	30	10	1	3.59		
平等	实验组	43	37	14	6	0	4.17	72.555	0.000
	对照组	15	47	32	6	0	3.71		
公正	实验组	47	46	7	0	0	4.40	6.562	0.087
	对照组	45	43	11	1	0	4.32		
法治	实验组	63	33	4	0	0	4.59	5.738	0.057
	对照组	55	42	3	0	0	4.52		
爱国	实验组	41	53	6	0	0	4.35	22.240	0.000
	对照组	35	48	15	2	0	4.16		
敬业	实验组	33	52	14	1	0	4.17	32.043	0.000
	对照组	24	45	24	5	2	3.84		
诚信	实验组	49	40	11	0	0	4.38	16.935	0.001
	对照组	53	30	14	3	0	4.33		
友善	实验组	57	40	3	0	0	4.54	14.681	0.001
	对照组	55	35	10	0	0	4.45		

此外，分别对实验组和对照组进行前后测数据差异性检验发现，实验组同学对社会主义核心价值观的后测平均认同度都高于前测，且卡方检验值概率都小于 0.05，可认为研究生社会主义核心价值观协同机制的实施对同一组学生影响显著；对照组同学对社会主义核心价

值观的后测平均认同度也都高于前测，且除“文明”“敬业”和“友善”价值观外，其余指标的卡方检验值概率也都小于 0.05，可认为常规课程对同一组学生也有影响（表 6-3）。

表 6-3 实验组和对照组对社会主义核心价值观内容认同度的前后测数据及检验结果

变量名称	组别	前测均值	后测均值	卡方检验值	P 值（双侧）
富强	实验组	4.16	4.42	36.013	0.000
	对照组	4.16	4.31	12.316	0.015
民主	实验组	4.01	4.49	91.805	0.000
	对照组	4.02	4.23	21.819	0.000
文明	实验组	4.02	4.34	30.968	0.000
	对照组	4.03	4.17	8.247	0.083
和谐	实验组	3.50	4.19	107.155	0.000
	对照组	3.49	3.69	13.066	0.011
自由	实验组	3.20	4.03	136.754	0.000
	对照组	3.24	3.59	29.257	0.000
平等	实验组	3.54	4.17	81.511	0.000
	对照组	3.49	3.71	15.958	0.000
公正	实验组	4.21	4.40	31.219	0.000
	对照组	4.19	4.32	16.374	0.001
法治	实验组	4.37	4.59	21.349	0.001
	对照组	4.37	4.52	16.613	0.001
爱国	实验组	4.07	4.35	46.220	0.000
	对照组	4.06	4.16	8.932	0.030
敬业	实验组	3.66	4.17	71.579	0.000
	对照组	3.67	3.84	7.944	0.094
诚信	实验组	4.18	4.38	41.450	0.000
	对照组	4.2	4.33	9.613	0.047
友善	实验组	4.45	4.54	14.343	0.001
	对照组	4.45	4.45	3.321	0.345

2)对社会主义核心价值观教育形式效果认同度比较

(1)实验组与对照组社会主义核心价值观教育形式效果认同度的前测数据检验

表6-4数据显示,实验组和对照组同学对社会主义核心价值观教育课程形式的前测平均认同度差异非常小,每个维度指标的认同度人数分布也大同小异。这可能源于在没有接触社会主义核心价值观教育之前,学生大都凭类似的原有的学习经历和感受来表达看法,因此差异度不大。进一步进行卡方检验,发现各维度指标的双侧检验概率均大于0.05,表明实验组和对照组同学对社会主义核心价值观教育形式的认同度没有显著差异。由此可以认为,本次参与实验的两组同学认同度测定受非实验因素的影响比较小,从而增加了后测实验结果的可靠性和稳定性。

表6-4 实验组与对照组对社会主义核心价值观教育形式认同度的前测检验结果

变量名称	组别	非常认同/%	比较认同/%	说不清楚/%	较不认同/%	完全不认同/%	均值	卡方检验值	P值(双侧)
思政课	实验组	49	24	13	9	5	4.03	0.595	0.964
	对照组	48	24	15	8	5	4.02		
主渠道	实验组	40	22	13	15	10	3.67	3.027	0.553
	对照组	42	20	10	18	10	3.66		
感兴趣	实验组	27	15	23	21	14	3.2	0.436	0.979
	对照组	27	16	22	22	13	3.22		
学科案例	实验组	15	9	10	41	25	2.48	4.999	0.287
	对照组	13	11	6	44	26	2.41		
专业课	实验组	42	31	15	5	7	3.96	2.656	0.617
	对照组	41	33	12	7	7	3.94		
学生兴趣	实验组	22	9	8	38	23	2.69	1.879	0.758
	对照组	20	9	6	42	23	2.61		
团学活动	实验组	19	10	15	36	20	2.72	0.917	0.922
	对照组	17	12	15	36	20	2.7		
实践覆盖	实验组	11	7	13	48	21	2.39	0.514	0.972
	对照组	11	7	12	47	23	2.36		
实践基地	实验组	51	21	8	11	9	3.94	0.758	0.944
	对照组	49	23	8	12	8	3.93		

续表

变量名称	组别	非常认同/%	比较认同/%	说不清楚/%	较不认同/%	完全不认同/%	均值	卡方检验值	P 值（双侧）
社会实践	实验组	19	16	5	23	37	2.57	0.858	0.930
	对照组	17	18	5	23	37	2.55		
物质文化	实验组	11	26	20	31	12	2.93	0.897	0.925
	对照组	9	28	20	31	12	2.91		
制度文化	实验组	33	19	16	16	16	3.37	2.578	0.631
	对照组	31	21	13	19	16	3.32		
精神文化	实验组	25	26	19	18	12	3.34	0.717	0.949
	对照组	23	28	19	19	11	3.33		
隐性课程	实验组	67	20	4	5	4	4.41	0.657	0.957
	对照组	67	21	3	5	4	4.42		
综合课程	实验组	63	23	7	4	3	4.39	0.533	0.970
	对照组	62	23	7	4	4	4.35		
生活	实验组	13	9	33	24	21	2.69	1.944	0.746
	对照组	11	11	31	26	21	2.65		
学生实际	实验组	21	21	25	19	14	3.16	1.589	0.811
	对照组	19	23	25	21	12	3.16		
学生需求	实验组	19	20	24	28	9	3.12	1.008	0.909
	对照组	17	22	24	27	10	3.09		
成长作用	实验组	26	19	27	20	8	3.35	1.174	0.882
	对照组	24	21	25	22	8	3.31		
总体效果	实验组	29	21	23	18	9	3.43	2.832	0.586
	对照组	27	23	21	22	7	3.41		

(2)实验效果分析

①课内教学效果的卡方检验。

对比实验组前后测数据可得：实施研究生社会主义核心价值观教育协同机制后，学生对课内教学效果各方面“非常认同”的占比都有明显的提高，最高是“主渠道”提高 30%，其次是“思政课”提高 23%，其他均达到 10% 及以上（表 6-5）。表中的卡方检验结果也显示，反映课内教学效果的所有维度指标的双侧检验概率均小于 0.01，可以认为研究生社会主义核心价值观协同机制的运行对实验组同学的课内教学效果感受有显著正影响。

表 6-5　实验组对社会主义核心价值观教育效果认同度前后测检验结果

变量名称	前后测数据	非常认同/%	比较认同/%	说不清楚/%	较不认同/%	完全不认同/%	均值	卡方检验值	P值（双侧）
思政课	前测	49	24	13	9	5	4.03	44.135	0.000
	后测	72	17	5	5	1	4.54		
主渠道	前测	40	22	13	15	10	3.67	85.777	0.000
	后测	70	18	7	1	4	4.49		
感兴趣	前测	27	15	23	21	14	3.2	21.901	0.000
	后测	42	15	14	15	14	3.56		
学科案例	前测	15	9	10	41	25	2.48	84.066	0.000
	后测	22	22	18	12	26	3.02		
专业课	前测	42	31	15	5	7	3.96	15.318	0.004
	后测	49	33	6	6	6	4.13		

进一步，对比实验组与对照组后测数据还发现：实验组学生对课内教学形式各方面的“非常认同”占比都明显高于对照组，最高差异是“主渠道”28%，其次是“思政课”22%，然后依次是“专业课”14%，“感兴趣”13%和“学科案例”9%。对应的卡方检验也显示，所有维度指标的双侧假设检验概率均小于0.01，可认为两组学生在不同课程体系学习的课内教学效果有显著差异。再比较两组认同度均值可知，实验组学生对各维度指标的认同度均高于对照组（表6-6）。由此推断，研究生社会主义核心价值观协同机制的运行能显著提高社会主义核心价值观的课内教学效果。

表 6-6　实验组与对照组对社会主义核心价值观教育效果认同度后测检验结果

变量名称	组别	非常认同/%	比较认同/%	说不清楚/%	较不认同/%	完全不认同/%	均值	卡方检验值	P值（双侧）
思政课	实验组	72	17	5	5	1	4.54	39.660	0.000
	对照组	50	25	12	8	5	4.07		
主渠道	实验组	70	18	7	1	4	4.49	82.780	0.000
	对照组	42	22	14	17	5	3.79		
感兴趣	实验组	42	15	14	15	14	3.56	17.526	0.002
	对照组	29	15	24	18	14	3.27		

续表

变量名称	组别	非常认同/%	比较认同/%	说不清楚/%	较不认同/%	完全不认同/%	均值	卡方检验值	P值（双侧）
学科案例	实验组	22	22	18	12	26	3.02	84.700	0.000
	对照组	13	15	7	42	23	2.53		
专业课	实验组	49	33	6	6	6	4.13	26.572	0.000
	对照组	35	33	17	7	8	3.8		

②课外活动效果的卡方检验。对比实验组前后测数据可得：在研究生社会主义核心价值观协同机制的运行中，学生对课外活动效果各维度指标的认同度均值都有提高，这主要源于学生对各维度指标的“非常认同”和“比较认同”占比的明显提高，其中认同占比提高最多的是“实践覆盖”38%，其他均达到18%以上。但需要注意的是，在“学生兴趣”和“实践活动”方面学生持“说不清楚”态度的占比有所增加。详见表6-7。不过，表中的卡方检验结果显示，反映课外活动效果的所有维度指标的双侧检验概率均小于0.01，可以认为研究生社会主义核心价值观协同机制的运行对实验组同学的课外活动效果感受有显著正影响。

表6-7　实验组对社会主义核心价值观课外活动效果认同度前后测检验结果

变量名称	前后测数据	非常认同/%	比较认同/%	说不清楚/%	较不认同/%	完全不认同/%	均值	卡方检验值	P值（双侧）
学生兴趣	前测	22	9	8	38	23	2.69	58.033	0.000
	后测	35	18	15	20	12	3.44		
团学活动	前测	19	10	15	36	20	2.72	55.658	0.000
	后测	37	18	16	18	11	3.52		
实践覆盖	前测	11	7	13	48	21	2.39	146.095	0.000
	后测	30	26	19	13	12	3.49		
实践基地	前测	51	21	8	11	9	3.94	35.467	0.000
	后测	66	24	2	4	4	4.44		
社会实践	前测	19	16	5	23	37	2.57	100.283	0.000
	后测	45	18	4	25	8	3.67		

进一步，对比实验组与对照组后测数据发现：实验组学生对课外活动效果各方面的认同度均值明显高于对照组，且实验组的“非常认同”和“比较认同”占比之和也明显高于对照组，最高差异是“实践覆盖”35%，其次是“学生兴趣”30%，然后依次是“团学活动”24%，“实践基地”17%和“社会实践”15%。同样需要注意的是，实验组学生对“学生兴趣”和“实践活

动”方面持“说不清楚”态度的占比略高于对照组。对应的卡方检验结果也显示,所有维度指标的双侧假设检验概率均小于0.01,可认为两组学生在不同课程学习的课外活动效果有显著差异(表6-8)。结合两组学生的认同度均值表现,可推断:研究生社会主义核心价值观协同机制的运行能显著提高社会主义核心价值观的课外活动效果。

表6-8 实验组与对照组对社会主义核心价值观课外活动效果认同度后测检验结果

变量名称	组别	非常认同/%	比较认同/%	说不清楚/%	较不认同/%	完全不认同/%	均值	卡方检验值	P值(双侧)
学生兴趣	实验组	35	18	15	20	12	3.44	54.562	0.000
	对照组	22	11	7	40	20	2.75		
团学活动	实验组	37	18	16	18	11	3.52	47.137	0.000
	对照组	19	12	16	35	18	2.79		
实践覆盖	实验组	30	26	19	13	12	3.49	133.664	0.000
	对照组	13	6	15	46	20	2.46		
实践基地	实验组	66	24	2	4	4	4.44	33.069	0.000
	对照组	51	22	7	12	8	3.96		
社会实践	实验组	45	18	4	25	8	3.67	34.877	0.000
	对照组	30	18	4	25	23	3.07		

③文化熏陶效果的卡方检验。对比实验组前后测数据可得:实施研究生社会主义核心价值观协同机制后,学生对文化熏陶效果各维度指标的认同度均值都有提高,且学生对各维度指标的“非常认同”占比也明显提高,其中提高最多的是“物质文化”27%,其他均达到10%及以上(表6-9)。表中的卡方检验结果也显示,反映文化熏陶效果的所有维度指标的双侧检验概率均小于0.01,可以认为研究生社会主义核心价值观协同机制的运行对实验组同学的文化熏陶效果感受有显著正影响。

表6-9 实验组对社会主义核心价值观文化熏陶效果认同度前后测检验结果

变量名称	前后测数据	非常认同/%	比较认同/%	说不清楚/%	较不认同/%	完全不认同/%	均值	卡方检验值	P值(双侧)
物质文化	前测	11	26	20	31	12	2.93	98.603	0.000
	后测	39	28	18	12	3	3.88		
制度文化	前测	33	19	16	16	16	3.37	40.178	0.000
	后测	50	20	17	8	5	4.02		

续表

变量名称	前后测数据	非常认同/%	比较认同/%	说不清楚/%	较不认同/%	完全不认同/%	均值	卡方检验值	P 值（双侧）
精神文化	前测	25	26	19	18	12	3.34	57.009	0.000
	后测	45	27	19	5	4	4.04		
隐性课程	前测	67	20	4	5	4	4.41	19.296	0.001
	后测	77	18	3	1	1	4.69		

进一步，对比实验组与对照组后测数据还发现：实验组学生对课内教学效果各方面的“非常认同”占比都要高于对照组，最高差异是“物质文化”29%，其次是“精神文化”24%，然后依次是“制度文化”19%和“隐性课程”7%。但除“隐性课程”外，对照组学生在其他 3 个维度指标上的“比较认同”占比与实验组持平或略高 2 ~ 3 个百分点。而对应的卡方检验结果也显示，所有维度指标的双侧假设检验概率均小于 0.01，反映出两组学生在不同课程学习的文化熏陶效果存在显著差异（表 6-10）。因此，尽管部分实验组学生的认同度没有显著提高，但不可否认研究生社会主义核心价值观协同机制的运行能显著提高社会主义核心价值观的文化熏陶效果。

表 6-10　实验组与对照组对社会主义核心价值观文化熏陶效果认同度后测检验结果

变量名称	组别	非常认同/%	比较认同/%	说不清楚/%	较不认同/%	完全不认同/%	均值	卡方检验值	P 值（双侧）
物质文化	实验组	39	28	18	12	3	3.88	105.372	0.000
	对照组	10	28	18	32	12	2.92		
制度文化	实验组	50	20	17	8	5	4.02	42.321	0.000
	对照组	31	23	15	17	14	3.4		
精神文化	实验组	45	27	19	5	4	4.04	69.995	0.000
	对照组	21	29	19	20	11	3.29		
隐性课程	实验组	77	18	3	1	1	4.69	20.662	0.000
	对照组	70	16	5	3	6	4.41		

④课程实施效果的卡方检验。对比实验组前后测数据可得：实施研究生社会主义核心价值观协同机制后，学生对课程实施效果各维度指标的认同度均值都有所提高，对各维度指标持“非常认同”的占比更有明显提高，提高幅度比较平均，为 19% ~23%。需要注意的是，虽然实验组学生对“生活”维度指标的态度有显著变化，其“完全不认同”占比由 21%下降到 11%，但“说不清楚”前测占比 33%。还有在“学生实际”维度上，也有类似表现（表 6-11）。

不过,表中的卡方检验结果显示,反映课程实施效果的所有维度指标的双侧检验概率均小于0.01,可以认为研究生社会主义核心价值观协同机制的运行对实验组同学的课程实施效果感受有显著正影响,只是比前述3个方面的影响略弱一些,但大部分实验组学生对"总体效果"的认同度还是较高,平均认同度为"比较认同"。

表 6-11 实验组对社会主义核心价值观课程实施效果认同度前后测检验结果

变量名称	前后测数据	非常认同/%	比较认同/%	说不清楚/%	较不认同/%	完全不认同/%	均值	卡方检验值	P 值(双侧)
综合课程	前测	63	23	7	4	3	4.39	29.065	0.000
	后测	80	15	3	1	1	4.72		
联系生活	前测	13	9	33	24	21	2.69	37.766	0.000
	后测	30	10	33	16	11	3.32		
学生实际	前测	21	21	25	19	14	3.16	63.799	0.000
	后测	41	23	26	5	5	3.90		
学生需求	前测	19	20	24	28	9	3.12	38.068	0.000
	后测	37	22	15	16	10	3.60		
成长作用	前测	26	19	27	20	8	3.35	28.082	0.000
	后测	43	20	18	11	8	3.79		
总体效果	前测	29	21	23	18	9	3.43	39.615	0.000
	后测	50	22	13	10	5	4.02		

进一步对比实验组与对照组后测数据还发现:实验组学生对课内教学效果各方面的"非常认同"占比都明显高于对照组,最高差异是"总体效果"22%,其次是"联系生活"21%,然后依次是"学生实际"20%,"学生需求"19%,"综合课程"和"成长作用"都为18%。对应的卡方检验结果也显示,所有维度指标的双侧假设检验概率均小于0.01,可认为两组学生在不同课程体系学习的课程实施效果有显著差异。再比较两组认同度均值可知,实验组学生对各维度指标的认同程度均高于对照组(表6-12)。由此推断,研究生社会主义核心价值观协同机制的运行能显著提高社会主义核心价值观的课程实施效果。

表 6-12 实验组与对照组对社会主义核心价值观课程实施效果认同度后测检验结果

变量名称	组别	非常认同/%	比较认同/%	说不清楚/%	较不认同/%	完全不认同/%	均值	卡方检验值	P 值(双侧)
综合课程	实验组	80	15	3	1	1	4.72	30.589	0.000
	对照组	62	24	8	3	3	4.39		

续表

变量名称	组别	非常认同/%	比较认同/%	说不清楚/%	较不认同/%	完全不认同/%	均值	卡方检验值	P 值（双侧）
联系生活	实验组	30	10	33	16	11	3.32	55.595	0.000
	对照组	9	10	35	24	22	2.6		
学生实际	实验组	41	23	26	5	5	3.90	56.452	0.000
	对照组	21	23	26	19	11	3.24		
学生需求	实验组	37	22	15	16	10	3.60	38.734	0.000
	对照组	18	21	23	28	10	3.09		
成长作用	实验组	43	20	18	11	8	3.79	29.819	0.000
	对照组	25	20	28	19	8	3.35		
总体效果	实验组	50	22	13	10	5	4.02	42.199	0.000
	对照组	28	22	23	20	7	3.44		

此外，对照组进行前后测数据差异性检验发现，实施未改革的原课程对学生认同度有影响，但局限于“主渠道”和“社会实践”（在 10% 的显著水平下）。因此，综合上述实验效果分析可得，研究生社会主义核心价值观协同机制的运行能得到学生认可，相比原有社会主义核心价值观课程更有效，教育效果更显著。

6.3.6　结论

本研究通过经验的总结提炼，构建了研究生社会主义核心价值观教育协同机制的运行体系，通过一年的对比实验，得出了如下结论。

1）研究生社会主义核心价值观教育协同机制的运行对社会主义核心价值观内容的认同度的影响

本研究设计的关于社会主义核心价值观内容认同度的问题，是研究生群体中最热点、最敏感、最有代表性的问题。通过实验发现：该运行体系对研究生关于社会主义核心价值观内容的认同度有积极影响。这说明：研究生社会主义核心价值观教育协同机制的运行让研究生的社会主义核心价值观水平得到提高。

2）研究生社会主义核心价值观教育协同机制的运行对社会主义核心价值观教育形式认同度的影响

通过实验发现：研究生社会主义核心价值观教育协同机制的运行对实验组学生关于研

究生社会主义核心价值观教育的课内教学效果、课外活动效果、文化熏陶效果、课程实施效果感受都有显著正影响。这说明:研究生社会主义核心价值观教育协同机制的运行显著提高了研究生对社会主义核心价值观教育形式的认同度。

参考文献

[1] 中共中央马克思恩格斯列宁斯大林著作编译局. 马克思恩格斯全集[M]. 北京:人民出版社,2006.

[2] 中共中央马克思恩格斯列宁斯大林著作编译局. 马克思恩格斯选集[M]. 北京:人民出版社,2012.

[3]《思想政治教育原理》编写组. 思想政治教育学原理[M]. 北京:高等教育出版社,2016.

[4] 中共中央文献研究室. 十八大以来重要文献选编:中[M]. 北京:中央文献出版社,2016.

[5] 方旭光. 认同的价值与价值的认同:社会主义核心价值观论[M]. 北京:中国社会科学出版社,2014.

[6] 杨金卫. 构筑精神家园:社会主义核心价值观百问百答[M]. 济南:山东人民出版社,2015.

[7] 袁贵仁. 价值观的理论与实践:价值观若干问题的思考[M]. 北京:北京师范大学出版社,2013.

[8] 雅斯贝尔斯. 什么是教育[M]. 邹进,译. 北京:生活·读书·新知三联书店,1991.

[9] 习近平. 习近平谈治国理政[M]. 北京:外文出版社,2014.

[10] 喻嘉乐. 新时代研究生群体社会主义核心价值观教育研究[M]. 杭州:浙江大学出版社,2015.

[11] 徐兆栋. 完善研究生德育管理工作的几点思考[J]. 技术与创新管理,2008,29(5):486-488.

[12] 王玉楠. 研究生导师在研究生德育工作中的作用[J]. 文教资料,2011(20):154-156.

[13] 李太平. 科技教育与学生素质发展[J]. 高等教育研究,2000,21(6):19-22.

[14] 彭国华,甘永涛. 充分发挥导师组作用提高研究生培养质量:对硕士研究生教育中师生关系的问卷调查与分析[J]. 现代教育科学:高教研究,2003(1):79-82.

[15] 姚怡婷,温红娟. 新形势下导师对硕士研究生心理健康影响研究[J]. 教育教学论坛,2020(51):109-111.

[16] 许迈进,郑英蓓. 三重反思:重构研究生培养中的师生导学关系[J]. 教育发展研究,2007,29(8):77-80.

[17] 金生. 超越主客体:对师生关系的阐释[J]. 西南师范大学学报(哲学社会科学版),1995(1):40-42.

[18] 冯建军. 他者性:超越主体间性的师生关系[J]. 高等教育研究,2016 (8):1-8.

[19] 杜晓明. 研究生培养中的“导学关系”探析[J]. 中国电力教育,2010(7):54-55.

[20] 张意忠. 论导师团队建设对研究生培养质量的提高[J]. 江西师范大学学报(哲学社会科学版),2009,42(1):130-134.

[21] 罗双燕. 高校社会主义核心价值观教育协同性研究[J]. 学校党建与思想教育,2015(5):41-42.

[22] 孟亚峰,吕贵洲,朱赛. 浅谈导师在研究生培养中的作用与影响[J]. 教育教学论坛,2017(51):235-236.

[23] 魏洪斌,赵寅开. 研究生导师开展心理健康教育的探讨[J]. 中国林业教育,2020(S1):1-5.

[24] 郝艳萍. 协同理论视域下双主体研究生价值引领教育新模式的构建[J]. 东华大学学报(社会科学版),2020,20(2):154-157.

[25] 陈晓梅. 角色期待与呼应:新情况下研究生导师的角色变化[J]. 研究生教育研究,2016(1):70-74.

[26] 付闯,蔡桂芳. 新时期加强高校教风、学风建设的思考及对策[J]. 中国多媒体与网络教学学报(电子版),2020(26):139-141.

[27] 叶喜民,张慧峰,金玲. 高校学风建设存在的问题及对策[J]. 新乡学院学报,2019,36(11):74-76.

[28] 洪春生. 中华优秀传统文化融入高校思想政治教育探究[J]. 学校党建与思想教育,2020(22):85-87.

[29] 焦连志. 社会主义核心价值观与中华优秀传统文化教育协同机制研究[J]. 中国高等教育,2020(6):34-36.

[30] 刘奎杰,邢明非,张宝生. 中华优秀传统文化融入大学生思想政治教育浅析[J]. 鲁东大学学报(哲学社会科学版),2020,37(4):91-96.